知识生产的原创基地
BASE FOR ORIGINAL CREATIVE CONTENT

颉腾商业
JIE TENG BUSINESS

OKRs for all

making objectives and key results work
for your entire organization

OKR
落地指南

［美］**维奇·维洛**（Vetri Vellore）——————**著**

陈仪安——————————————**译**

中国广播影视出版社

图书在版编目（CIP）数据

OKR落地指南/（美）维奇·维洛著；陈仪安译 . --
北京：中国广播影视出版社，2024.1
  书名原文：OKRs for All: Making Objectives and
Key Results Work for your Entire Organization
  ISBN 978-7-5043-9150-6

Ⅰ . ① O … Ⅱ . ①维 … ②陈 … Ⅲ . ①企业管理—目标
管理—指南 Ⅳ . ① F272.71-62

中国国家版本馆 CIP 数据核字 (2023) 第 245812 号

北京市版权局著作权合同登记号　图字：01-2023-4030 号

OKR落地指南

[美] 维奇·维洛（Vetri Vellore） 著
陈仪安　译

策　　划	颉腾文化	
责任编辑	王萱　彭蕙	
责任校对	张哲	

出版发行	中国广播影视出版社
电　　话	010-86093580　010-86093583
社　　址	北京市西城区真武庙二条 9 号
邮　　编	100045
网　　址	www.crtp.com.cn
电子信箱	crtp8@sina.com

经　　销	全国各地新华书店
印　　刷	涿州市京南印刷厂

开　　本	880 毫米 ×1230 毫米　1/32
字　　数	207（千）字
印　　张	8.875
版　　次	2024 年 1 月第 1 版　2024 年 1 月第 1 次印刷

书　　号	ISBN 978-7-5043-9150-6
定　　价	69.00 元

（版权所有 翻印必究 · 印装有误 负责调换）

张坚 思科原中国区副总裁、中国惠普政府事业部总经理

身为一个理工男，我看到书名中的"落地指南"字眼就感到很亲切，再看到微软董事长兼首席执行官萨提亚·纳德拉写的"如果只读一本 OKR 指南，那就读这本吧"就更吸引我了。在管理领域 OKR 逐渐"时髦"的今天，如何去粗取精、去伪存真、脱虚向实、落地见效，是每一位企业家或管理者都关心的话题。我作为一个有近 30 年销售管理经验和 20 年培训经验的老兵，对这一点感同身受。此书让我受益匪浅，我愿推荐给你，我相信你一定能从中受益。在此特别感谢译者——OKR 专业教练、战略领导力顾问陈仪安女士，把好书带给中国读者。

王淑琴 雷士照明集团人力资源副总裁（HRVP）

作为一名管理者，我深知 OKR 在中国企业经营中的重要性，以及成功实施的挑战。因此，我向你推荐这本书，坚信它能帮助你成功实施 OKR，为你的企业带来实质性的改变和进步。

同时，感谢译者陈仪安女士的贡献，她是一位令人敬佩的 OKR 传播者和践行者，她丰富的实践经验和对跨文化交流的理解，充分体现在本书中，呈现给读者一份语言精准流畅、可读性和实用性极强的《OKR 落地指南》。

骆松森 香港大学专业进修学院首席讲师和高级课程主任

在现今经济下行的日子，所有组织都非常关注怎样提升效能，其中的关键是管理好从战略到绩效的产出过程。在我带领学生做研究生课程论文的专案时，发觉他们很希望通过 OKR 来改善组织的绩效，可惜的是，大部分同学不知道应该怎样把这个管理工具落地应用。

得知我的学生仪安翻译了本书，我细读下发觉书中清楚地介绍了 OKR 的概念和原理，同时又有作者实战落地的心得，让我从中获益良多。

鲁华章 华章优诺商业教练创始人、加州整合大学应用心理学专业中方导师

认识仪安老师多年，被她在 OKR 领域的专注和热爱打动，这正是 OKRer 应该活出的状态。

在我看来，OKR 不仅是一套系统的方法论，也是一套支持战略落地、激活人内在动力的思维体系。作为长期为本土不同类型的组织提供 OKR 培训和落地辅导的践行者，她翻译的书更容易为本土企业所理解和应用。

朱剑 上海市可持续发展研究会 ESG 研究中心执行主任

VUCA 时代，个人和组织在管理过程中都遇到了新的挑战，OKR 作为一种韧性管理工具恰逢其时。在可持续发展领域，其发展历程就是 OKR 的一个很好的应用案例。联合国可持续发展目标（SDG）是 O（战略目标），现在流行的 ESG（环境、社会、治理）是其 KR（关键成果）。在企业 ESG 管理中，由于全球没有统一的

标准，结合企业实际情况，运用 OKR 确定企业 ESG 在 E、S、G 中的关键成果，将帮助企业更好地提升 ESG 的战略价值。

闫秋华　ICF MCC、HeadStart 思瀚商务咨询有限公司创始人、《教练型领导》作者

仪安不仅是 OKR 方面的资深教练、顾问和践行者，更是国内 OKR 的推动者。本书既能让更多的管理者仰望天空，梳理愿景、使命、价值观，又能让其脚踏实地，厘清战略、计划和实施方案。上下同欲，对齐战略目标；以终为始，聚焦价值成果；层层分解，澄清关键策略；敏捷灵活，应对动态变化；协同共创，确保完美交付。

赵桐　北大纵横高级合伙人、北大纵横大数据研究院院长

OKR 被誉为最佳管理实践，是硅谷崛起背后的"商业秘籍"，是全球"先进企业"都在学习使用的战略目标管理方法，值得我国企业予以特别重视。本书深刻解读了 OKR 的本质与核心逻辑，梳理出清晰的实施框架，具备较强的可操作性，对企业管理能力升级具有指导意义。

"硅谷管理之父""硅谷 CEO 教父"安迪·格鲁夫曾说过："只有偏执狂才能生存。"在如今波涛汹涌的商海巨浪中前行，不仅需要技巧，还需要意志与信念。OKR 将助力你乘风破浪！

推荐序一 | FOREWORD

尊敬的读者朋友，我很高兴为你介绍这本卓越的管理书。本书提供了对加速企业发展和组织变革具有巨大价值的实用框架和方法论。

OKR（战略目标与关键成果管理法）最早由英特尔的安迪·格鲁夫提出并推行，后被许多知名公司采用和推广。著名的案例是推出了抖音和今日头条等热门应用的字节跳动，它成功地应用了OKR，通过OKR将在不同业务线和地区的团队目标与公司的整体目标对齐，有效地推进了业务目标的实现。

虽然OKR在高科技公司中获得了广泛的应用和认可，但这并不意味着它只适用于这类公司。事实上，OKR已经被广泛应用于世界各地的各行各业，从初创公司到大型跨国公司，从非营利组织到政府部门。它的通用性和灵活性使所有类型的组织都能受益于设置明确的目标并使结果可量化的方式。然而，一些公司在实施过程中遇到了困难，它们发现：缺乏对OKR理念本质的理解，仅简单套用其他公司的OKR模板，对驱动组织自上而下的改革效果甚微。在本书中，OKR专家维奇·维洛提供了具有灵活性和可行性的操作指南，教你如何高效地使用OKR。你将发现更有效的办法来推出OKR系统，缩小策略与项目之间的差距，从你的组织的底层开始，帮助经理和团队围绕共享的重要目标进行他们的日常决策。

在中国，随着企业对专业咨询服务的需求日益增长，OKR 快速发展。许多组织正寻求专业的咨询服务，以更好地理解和应用 OKR，推动业务发展。这样的背景使得本书的出版恰逢其时。

本书的译者是我的朋友陈仪安女士，她多年来进行 OKR 理论研究，是国际教练联盟（ICF）认证的专业教练，精通战略实施、敏捷组织设计及 OKR 理论传播及落地。作为一名知名的组织顾问，她采用引导式咨询和客户定制化的方法，与经营层高管团队紧密合作，以最适合客户独特情况的方式设计和实施 OKR。在 2020 年新冠疫情期间，仪安教练在帮助我的组织实施 OKR 的过程中发挥了关键作用。她巧妙地将我们的愿景和目标转化为明确、可行的路线图；她对 OKR 知识、战略实施和敏捷组织方法的独特融合，使组织的愿景更加清晰，使我们在动荡时期仍然可以有效地向前推进。她的工作不仅涉及设定目标和创建路线图，还让高层领导、人力资源团队和部门领导者具备了理解和有效应用 OKR 的必要技能。她用自己的实际行动激励了 OKR 内部教练和领导者，为他们面对困难和挑战提供了支持与指导。

当你深入阅读这本书时，不仅会对 OKR 的理论有更全面的认知，还会欣赏到仪安教练对 OKR 实践应用案例的精彩解读。她的知识、经验和对 OKR 的使命与热情在本书中得到彰显，我相信她对原著中倡导的 OKR 理念的准确把握和诠释将惠及所有读者。

借此机会，邀请你走进 OKR 的世界，拥抱 OKR 带来的转变，并享受这段旅程。

顺祝商祺！

张伟钢

光辉国际（Korn Ferry）原全球高级合伙人、咨询业务

中国区董事总经理

　　当在远方旅行的时候，我接到了仪安老师让我为其新书作序的邀请，这让我既荣幸又兴奋。荣幸是因为本书作者是世界级的OKR思想先驱，而仪安老师又是OKR兼具理论基础和实战经验的顶尖专家顾问。兴奋是因为包括我在内的中国读者有机会在百家齐放的OKR市场中，享用又一位理论与实战兼具的OKR专家毫无保留的智慧果实。

　　我是一名职业CXO（CEO、COO、CFO等首席官的统称）教练。在过去14年中，超过300位CXO辅导的经验，让我深有体会，能够在快速变化的环境中，带领大型团队既达成短期目标，又兼顾长期战略是多么杰出的领导素质。然而，这方面知识和能力的缺失，既是领导者最大的困惑，更是领导者在绩效压力下，领导力扭曲变形，导致员工不快乐和人才流失的根本原因之一。不夸张地说，OKR绝对是CXO的核心能力之一。

　　本书既有高度又有深度。从OKR的基础认知、应用原则、顶层建筑，向下覆盖到具体实施的会议方法和执行者的角色责任。我相信不论是OKR新手还是高手，都能在作者和仪安教练的带领下，获得对OKR的全新认知。

胡家阅

沃顿全球首席官课程成功教练

全球高管教练金标准RECS体系作者

奇点智库及奇点领导力创办人

译者序 | Preface

战略目标与关键成果管理法（Objectives and Key Results, OKR），是基于"现代管理学之父"彼得·德鲁克的目标管理理论中的"目标管理与自我控制"原则，由被誉为"硅谷管理之父""硅谷 CEO 教父"的安迪·格鲁夫（Andrew Grove）在 20 世纪 70 年代创建的一套战略性的目标管理方法。

OKR 诞生之时，正是传统工业"资本主义"社会向信息化、数字化"知本主义"社会转型之时。OKR 作为目标管理方法，强调围绕共同目标力出一孔，以客户为中心群策群力，具有透明协同、敏捷进化、聚焦压强、胆大心细等特性；同时 OKR 注重目标的意义感，以期最大化地激发知识工作者的潜力、创造力和自驱力。硅谷可谓是当代科技发展和组织发展的前沿地带，OKR 从硅谷出发，经过 50 多年的发展，已被验证效果卓著，可以有效地帮助组织进行目标管理，打造高敬业度的文化，提升执行效果，驱动价值增长，实现战略落地。

自 2013 年开始，OKR 在全球广泛传播，目前已成为全球众多"先进组织"所采用的目标管理方法和经营管理哲学。无论是在企业的创业阶段（以英特尔为代表），还是转型升级的二次创业阶段（以微软为代表），OKR 都能助企业一臂之力，甚至在关键时刻发挥"利器"作用。

OKR 在广泛传播的同时，也"人红是非多"。由于 OKR 是实践先于理论，格鲁夫虽然奠定了 OKR 的基础框架，但是对其中的众多细节并未做标准的定义。因此，目前虽然有不少书籍和资料介绍 OKR，却造成了"众说纷纭"的情况，加上 OKR 虽然框架简洁，但思想深邃，很多企业没有掌握正确的 OKR 思维和方法，导致"一看就会，一用就废"。

本书作者是全球知名的 OKR 软件 Ally. io（现更名为 Viva Goals）的创办人，曾帮助数千家企业成功实施 OKR。作为连续创业者和企业经营者，作者对 OKR 有深刻的洞见，他基于多年应用 OKR 的心得体会和丰富的辅导经验，"集大成"创作了本书。作者在本书中着重介绍了以下方面。

第一，OKR 是企业经营和执行的"轴心"，最好从经营领导层开始实施 OKR。如同作者所言："我建议组织系统、自上而下地开展 OKR 项目，从最高领导层开始做试点。""从公司层面开始实施 OKR 最为成功。因为这有助于为所有部门和团队提供明确的方向，从而更能彰显 OKR 的价值。"OKR 应是组织共通的操作系统、战略语言、方法论和思维。同时，作者也强调，要让 OKR 发挥最大效用，需要各方群策群力。本书英文主书名为"OKRs for All"，即让组织中的每个人都能成功应用 OKR，也期望每个人都能从 OKR 的应用中受益。

第二，在 OKR 原有的 O–KR（战略目标–关键成果）两层架构的基础上，增加了第三层架构 KI（关键策略），这样有效避免了编写 OKR 时"成果和任务不分"的情况。作者提供了一条 OKR 公式：我要达成 ×× 战略目标，通过 ×× 关键成果来衡量，通过 ×× 关键策略来实现。作者多处强调要区分操作性的"任务输出"（Outputs）和成果性的"价值产出"（Outcomes），这是做好 OKR 的关键，也是重要的思维转变，即从"做了什么"到"做成了什么"。通过定位战略目标→定义关键成果→订立关键策略的"三体"联动，步步为赢，把理想变为现实。

第三，提出了"广义对齐"的做法，并提供了三种操作方式，让读者可以因地制宜。这样避免了"狭义对齐"（即把上级的 KR 直接作为下级的 O）带来的员工惰于思考、简单"复制粘贴"的弊端，也避免了上级"理性的自负"，给予下级更多的思考和创造空间。特别对分布式、矩阵化的组织来说，这是更加灵活和适配的方式。OKR 的对齐，不仅是数字的分解和文字上的外在对齐，更是方向和方法、思路和思维、因果和逻辑的内在对齐，要在自上而下的引领和自下而上的创造之间保持"张力"。

第四，系统地提出了"OKR 成熟度模型"（OKR Maturity Model，展现了 OKR 应用过程中的成熟度状态），细致地阐述了 OKR 实施的五个主要阶段，并明确了其中的六大关键角色，以帮助读者从 0 到 1 开展 OKR 项目。如同作者所言，要让你的组织从 OKR 实施中受益，就不能是"写完就忘了"的一次性操作，而要采用分阶段"分步走"的方式，不断地进阶和进化。大多数公司表示，至少需要两到三个季度，才能正确地完成 OKR 流程，其中有一些团队很快就上手 OKR，但是也有一些团队要经历较长的适应和迭代过程，才能逐步领会和理解 OKR。

第五，作者还对一些常见的 OKR 问题和误解进行了澄清，比如 OKR 和 KPI（关键绩效指标）、OKR 和 Agile（敏捷开发）有什么关系和区别？同时，提供了详细的操作指引，比如：OKR 的关键业务节奏和会议类型；PDCA 持续反馈循环和 3C 框架：创建

（Create）、签到（Check-In）、闭环（Close）；不同部门和团队情境应用OKR的注意要点、实战案例和写法示例；OKR的品质检查、OKR的仪表盘等。最后，作者还特别提醒我们，在全球范围内，大型项目普遍存在规划不力的问题，要适当管理OKR的规模和风险，避免规划谬误。

总的来说，本书是"框架更齐全"和"颗粒度更细"的OKR指南，旨在帮助每个人都更好地应用OKR。OKR是"务实的理想主义"，既要仰望星空，也要脚踏实地，实现从想象力到生产力，从战略规划到战略落地。相信本书能帮助你"步步为赢，落地OKR"，让你能够使用OKR作为管理杠杆，撬动公司业务不断地向前发展。

在此，特别感谢颉腾文化公司和简约商业思维的简一女士，以及对本书出版给予了关注和帮助的朋友。

最后，本书问世之时，正是以ChatGPT为代表的人工智能方兴之时，人类已经全面"卷入"数智化时代。虽然我们无法预测未来，但是我们可以做好自己，秉持成长型思维，用内在的稳定性，应对外在的不确定性。期望OKR成为你的副驾驶和得力助手，帮助你在不确定的时代，敏捷地应对变化，持续地进化和刷新。

陈仪安

国际教练联盟认证专业教练

广东地方治理研究中心OKR特聘顾问

2023年8月31日于广州万博

目录｜Contents

三个石匠的故事总是时刻警醒我，有意义的目标驱动①的重要性。

有个人在大街上看见三个石匠在干活。这三个石匠都在勤奋地砌着一堵墙，他们每个人看起来都十分卖力。

这个人问第一个石匠："你在干什么？"第一个石匠回答："我正在砌墙。我要努力工作，因为要养家糊口。"

这个人走向第二个石匠，问了同样的问题："你在干什么？"第二个石匠回答："我正在砌一堵漂亮的高墙。"

这个人走向第三个石匠，也是最专注的石匠，问了同样的问题："你在干什么？"这个石匠目光炯炯有神地回答道："我正在建造一座宏伟的大教堂。"

实际上，大部分员工都不知道自身工作的意义，他们要么只是遵照上级的指示照章办事，要么只是按照项目管理上的任务清单按部就班地执行。

---

① purpose-driven 通用翻译为"目标驱动"，在 OKR 中更强调"有意义的目标驱动"。——译者注

如果公司中的每个团队和每个人，都能一致对齐公司的战略目标，并能理解工作背后的意义和价值，他们的敬业度、生产力、满意度都会更高。这是颠扑不破的真理，在建造教堂时是如此，在经营公司时更是如此。

当下，企业经营面临着变幻莫测的不确定环境——技术颠覆、市场动荡、金融危机、战争威胁、新冠疫情等，搅得各行各业天翻地覆。企业应刷新管理方式，构建新方法论，以推动组织发展，必要时扭转乾坤，并赋能团队。

当团队理解了公司战略目标背后的"为什么"时，它们就能从本质上掌握重点，进而更精确地制订工作计划，更及时地识别风险，更有效地应对变化，从而把握住稍纵即逝的商业机会。

团队专注于"最重要的事情"，就会远离低生产力的"忙茫盲"状态，进入高生产力的"心流"状态。通过意义统一思想，通过目标对齐方向，将团队凝聚在一起，齐心协力地奋斗。

此处，对领导者的要求和挑战是，如何让组织中的每个人既仰望星空，又脚踏实地，如何让大家在低头拉车时，不忘抬头看天，并时刻铭记于心：我们是在建造大教堂，而不仅仅是在搬砖。

OKR① 是行之有效的方法。我已经见证了成千上万的企业，通过使用 OKR 来提升一致性、意义感、专注度和应变力，最终实现组织发展和价值增长。

在后续的章节中，你将会了解到 OKR 的作用原理，以及它如何在企业经营中发挥效用。

---

① OKR 的通常译法是"目标与关键结果"或"OKR 工作法"。本书译为"战略目标与关键成果管理法"，简称"OKR 目标管理法"侧重强调 OKR 是从战略到执行的系统管理方法。——译者注

为何 OKR 正当时？

2020 年 3 月，新冠疫情席卷全球，我们习以为常的生活被颠覆了。当时，我和大多数经营者一样，关闭了办公室，让团队居家办公。我的内心惶恐不安，不知何时能恢复正常办公，也不确定疫情会对公司的未来造成什么影响（我们还算幸运，尚能居家办公）。当时，我们还想着这只是权宜之计，然而，没想到最终变成了新常态。全世界的工作方式，都被这次疫情重塑了。

看起来，这种线上线下混合远程办公的工作方式，是由这次疫情所导致的"瞬间转变"，实际上，这种工作方式的转变，已经潜行了许多年。在过去十年里，越来越多的员工，选择了灵活就业，成为"灵时工"，也有越来越多的雇主，接受了这种变化。

从传统的办公室集中办公，转向远程的分布式办公，企业主承受的压力与日俱增，一方面要在激烈的竞争中，快速取得成功，另一方面要解决旧管理模式遗留的目标孤岛、缺乏一致性等"卡脖子"问题。人才的选、育、用、留问题，也比以往任何时候更艰难。新冠疫情不仅加剧了这些变化，其速度之快也超出了所有人的想象。

企业面临着越来越大的压力，既要快速适应外部环境的变化，也要让员工保持专注度和积极性，并拿下业务成果，实现有效产出。

鉴于此，我很高兴能与大家分享 OKR：一种既能帮助员工增加价值，也能加速公司发展的工作方法。

我的公司 Ally.io，专门从事 OKR 软件开发，后来被微软收购了。OKR 管理框架一直是我们经营的核心方法论，是所有决策和行动的基础。2020 年 3 月，当大家都在新冠疫情中挣扎时，OKR

帮助我们团队安全着陆，不仅完成了最重要的工作，还取得了期盼的成果。

更重要的是，不仅我的团队从 OKR 中受益，实现了多项业务的增长，我们还用 OKR 和 OKR 软件，帮助了数千个团队，收获了同样的成长。我们见证了 OKR 对各行各业的积极影响，从大型组织到初创企业，从科技业到制造业，从传媒业到医疗业，从运营管理到人力资源管理，从工程研发到销售服务。无论是当下的变革时刻，还是过往的变革时期，OKR 都已经成为众多公司（包括我自己的公司）锻造组织韧性的关键。OKR 帮助我们扛过最初的系统冲击，在进入新常态后还在继续扩张。

目前，大多数行业已经进入全球化、分布式、远程异步协作的工作方式中。这种新的工作形态，加上越来越多的技术堆栈和越来越迫切的创新增长要求，导致企业管理的复杂程度剧增，企业更加有必要提升组织可视化、目标一致性和员工敬业度。

企业普遍迫切面临着速度和敏捷的双重要求。远程和分布式工作的增加，不仅给企业带来了全新的挑战，也给个人造成了深远的影响。在这个线上线下交互混合的数字化世界中，由四个关键主题产生的矛盾愈显突出。

（1）**组织缺乏透明度和一致性造成的"卡脖子问题"**：大多数情况下，管理者和团队不知道其他部门在做什么，大家是否专注于共同的战略优先级目标，也不知道团队是否在正确的方向上做着正确的事，朝着正确的方向前进。这种结构性失调的情况，通常因为流程上过度依赖个人或单点导致故障加剧。如果团队不能快速对齐，同步前进，可能会产生业务发展缓慢、客户问题频发、团队重复劳动等诸多问题。

（2）**组织的增长和韧性面临前所未有的艰难处境**：近一半（48%）的企业高管表示，实现目标增长几乎成了"不可能完成的任务"。[1] 一方面，投资人和股东对指数级增长的期望更高；另一方面，市场竞争更加激烈，无论是水平行业还是垂直行业。事实上，截至 2021 年年底，全球有超过 832 家独角兽公司（估值超过 10 亿美元的未上市公司）。[2] 对比 2015 年的数据，那时候独角兽公司的数量还不到 80 家。竞争的激烈程度，由此可见一斑，而这一竞争压力直接落在领导团队的肩上。2021 年，CEO 的离职率创新高，几乎是 2018 年的 2 倍。[3]

（3）**汹涌的"辞职大浪潮"**：大批量的员工正在高频率地转换工作，原因是他们找不到工作的意义感和归属感。员工之所以对工作"很无情"，背后的道理很简单：既体会不到工作的重要性，和同事之间也没有情感联结。根据 2022 年微软工作实验室（Microsoft Worklab）的报告，全球有高达 43% 的劳动力正在考虑换工作。当下的工作模式发生了巨大的变化，线上虚拟的办公盛行，线下实体的休息室、咖啡厅、乒乓球桌无人问津。员工不再像以前那样，有很多面对面的共事机会，可以一起在茶水间

---

① 2022 年普华永道（PWC）脉冲调查。

② 尼古拉斯·拉普和杰西卡·马修斯，《"独角兽"的繁荣会变成泡沫吗？》，《财富》杂志，2021 年 10 月 10 日。

③ 据 2019 年普华永道的战略与全球研究："首席执行官的离职率创历史新高，'长寿的' CEO 已成历史，'短命的' CEO 才是现实。"

聊聊天。现在的企业，如果要创建文化联结，更有赖于通过有意义的目标把员工凝聚起来。同时，员工也期盼跟组织的使命和愿景建立联结，期盼自己的工作对组织的使命和目标有所贡献，期盼自己在正确的方向上做正确的事情。

（4）**孤岛遍地、筒仓群立**：作为企业的领导者，你要兼顾硬币的两面：一方面，领导者既要全盘掌控重点领域，又要全面掌握工作进展，还要洞察市场趋势、把握增长机遇并且规避业务风险。另一方面，领导者同时要特别着力于建设开放透明的组织文化，因为员工需要通过领导者的透明度，来提升他们对组织和领导者的信任度。未来论坛（Future Forum）指出，员工认为管理层是开放透明的公司，对公司未来信心的指数，是不透明的公司的两倍。①

最终，如要妥善解决以上四大矛盾，关键是创建有意义的目标，并使其成为组织各个部分的中心凝聚点。

为员工创建有意义的目标

我最喜欢的《三个石匠》的故事，原型是著名建筑师克里斯托弗·雷恩（Christopher Wren）受命重建因 1666 年伦敦大火烧毁的圣保罗大教堂（St. Paul's Cathedral）的真实故事。雷恩明白，

---

① 《高管-员工大脱节》，斯莱克未来论坛，2021 年 10 月。

要完成一个"不可能的任务"，需要让每个人都朝着共同的愿景努力。他本人也身体力行，确保每一个参与重建圣保罗大教堂的工作人员，都把这个愿景根植于心。

这正是从想象力到生产力，从战略规划到战略执行，面临的两个关键挑战所在：

（1）首先，很多时候，领导们一厢情愿地以为，团队会自动了解正在做的事情，会自动理解工作的重要性，会自动对接组织的使命和目标。殊不知，当信息经过多层级的传递后会失真。事实上，咨询公司麦肯锡最近调研发现，虽然有85%的高层管理者认为他们对公司有使命感，然而只有15%的基层管理者和一线员工对此有同感。更糟糕的是，有差不多一半的员工，不认同公司的目标，虽然这种不认同的情况，在高级管理层相对较少。[①]

（2）其次，很多时候，领导者也刻意把员工限制在打工的位置上，让员工相信"他们就是来打工的"。所谓高层动脑、基层动手，员工已经习惯了不用思考，执行就好。他们被排除在战略对话之外，也自认为没有资格参与高层的战略对话。实际上，这不利于公司整体生产力的提高。麦肯锡的同一项调研发现，员工和管理者与公司的目标联结感（无论在工作中，还是在生活中）会影响生产力，联结感低的公司，其产出远远低于联结感高的公司。

---

① "要么帮助员工找到有意义的目标，要么眼睁睁地看着他们离开"，麦肯锡公司，2021年4月5日。

用 OKR 建造你的大教堂

OKR 可以帮助每一位员工亲眼见证自己亲手堆砌起来的大教堂。OKR 对领导者也同样重要。OKR 可以帮助领导者看清楚，哪里需要投入更多的注意力，如何把资源配置到最合适的地方，以及如何在保障质量的情况下快速行动。

我和我的团队已经跟数千个企业领导者合作，从 500 强公司到初创公司，以及公司中的各个部门：从工程、研发、销售到市场、运营、人力资源等，成功实施和落地 OKR 项目。这不是一件容易的事。OKR 看似概念简单、成效惊人，但是与任何组织变革一样，要做好 OKR 并不容易，需要下很大功夫并持之以恒。

本书会分享各行各业实施 OKR 的实战案例，并且重点介绍它们所克服的障碍、取得的成功，为准备采用 OKR 的领导者提供建议。

经过数千次实践的验证，一个屡试不爽的结论是，当所有员工都理解目标的意义，了解他们对该目标的影响，并且有能力作用于该目标时，企业再大、再难、再雄心勃勃的目标都更容易实现。OKR 可以帮助整个组织建立共同的目标和塑造共享的意义。最近，有一家快速发展的知名软件公司的运营副总裁告诉我："我们公司使用 OKR 的员工越多，我们整体的业务发展就越好。"

组织一旦正确地掌握了 OKR，不仅能提升执行速度和应变能力，还能提升整个组织的生产力和员工的敬业度。OKR 通过工作方式转变，带动组织文化转变，让 OKR 成为联结日常工作与组织战略目标之间的坚实纽带。

OKR 是一个凝聚组织的强大工具，但这几十年来，它经常被误解和误用，既没能在组织层面得到恰当的应用，也没能在员工层面得到广泛的应用。这削弱了 OKR 原本可以给组织带来的诸多好处，阻碍了敏捷和进步的发挥。

OKR 的应用，已超过 50 年时间，它已经帮助世界上数千家最成功的企业实现战略落地并保持领先地位。这种战略性的目标管理方法，创建了聚焦点、责任感、清晰度和意义感，企业领导者称赞 OKR 的简洁性和结构性，这是其他目标管理方法无法比拟的。OKR 同样可以为你和团队所用、驱动业务发展、创建共同目标、提升组织敏捷性，直到有一天，它完全融入你的工作和生活，成为你不可分割的"基因"。

本书适合谁

如果你是一位企业的高层领导者，重点关注企业的业务发展和应变能力，想打造一支使命驱动的、高度敬业的团队，那么这本书很适合你。你将从中学习到 OKR 的核心方法论，以及如何有效地利用 OKR 来塑造企业文化和推动业务发展，让 OKR 成为帮助企业发挥最大化效用的实用指南。

如果你是一位部门或团队领导者，旨在确保团队的目标与公司的战略优先级对齐一致，并提升团队的参与度和生产力，那么本书可以帮助你掌握 OKR 方法，并为你在如何使用 OKR 来提高团队参与度和生产力方面，提供实用的技巧建议。

如果你来自人力资源／人力运营部门，那么你将从本书中学习到，OKR 如何与人力资源管理流程关联，同时也为你提供实用指导，让你可以用 OKR 帮助员工了解其工作的重要性，以提高员工的敬业度。

如果你是一位对 OKR 充满热情或只是好奇想看一看的小伙伴，那么我也希望你能够学习 OKR 的方法，说不准你能推动你所在的组织和团队使用 OKR，并由此创造不可思议的影响力。

最终，OKR 的落脚点是让整个组织统一目标，并让每个人都理解这个目标是什么，以及如何实现它。

本书的结构

接下来，我将介绍如何让 OKR 适用于组织的"每一个人"。在本书中，我不仅会讨论如何利用 OKR 取得商业成功，还会讨论如何避免许多公司曾经踩过的坑。

这本书由四部分组成，涵盖了概念认知、实战案例、范本示例和框架工具，这是我们与数千家企业合作后观察到的共同主题、关键问题、主要挑战和成功因素所在。

第一部分：OKR 的基础认知板块，主要介绍 OKR 的基本原理和方法框架，以及说明 OKR 有效的原因和失效的情况。

第二部分：OKR 的应用原则板块，主要学习 OKR 的使用方法和应用策略，首先从定位有意义的目标开始，接着定义相应的关键成果和关键策略，最后在整个组织中实现 OKR 的对齐和联结。

第三部分：OKR 的经营管理板块，主要明确 OKR 的核心业务节奏，通过定期的签到和刷新，确保 OKR 成功落地。

第四部分：OKR 的项目管理板块，基于上述方法论和知识储备，我将分享如何构建 OKR 计划并配套各项机制，帮助你成功地启动 OKR 项目，避免在初期就失败。

　　我还会将数据和案例贯穿全书，向你讲述世界各地成功采用 OKR 的公司，是如何利用 OKR 来重塑它们的经营方式。

　　相信这本书将成为你实用的 OKR 指南，帮助你创建目标和意义驱动的文化，为你的管理者和团队提供工具和方法。这个管理框架不仅能让你成功地实施 OKR 项目，还能让你收获一个卓有成效、欣欣向荣、充满活力的组织。

—— 第一部分 ——

I

OKR 的基础认知

在本书的第一部分中，我主要介绍 OKR 的基础知识，包括核心概念和结构框架，让你对 OKR 有很好的理解。

首先，从我个人的 OKR 开始。我创作本书的 OKR 如下：

战略目标（Objectires，O）

O：为组织中的每一个人，提供最佳的 OKR 实用指南。

我将通过以下关键成果（Key Results，KR），来衡量目标的成功程度：

KR1：让 100 万个团队使用 OKR。

KR2：在亚马逊上获得 4.9 分的"很有用"评级。

KR3：100% 的 OKR 项目成功启动。

我将通过以下关键策略（Key Initiatives，KI）来实现上述的关键成果：

KI1：与信誉良好的出版商签约。

KI2：撰写一本实用的操作指南。

KI3：获得其他 OKR 专家的支持。

现在，这个方法框架对你来说可能有点陌生，但很快，你就会熟悉它了！接下来，在第一章"核心概念"中，我将向你详细介绍 OKR 的基础知识。

让我们开始吧！

核心概念：
OKR 是什么？
01

在本章中，我将详细介绍 OKR 是什么？以及成功的企业如何使用 OKR，来应对组织清晰度和目标一致性的挑战，以更快地驱动成果产出，并提高员工的敬业度。

OKR 是做什么的？

OKR 是一种已被验证的、效果卓著的目标管理方法。使用 OKR，可以帮助组织创建高度对齐和聚焦的目标，同时打造高产出、高敬业度的文化，驱动商业成果，实现战略落地。

OKR 使得组织上下共同对齐战略目标，并将注意力从日常事务性的"任务思维"，转向注重影响力的"成果思维"——从关注"做了什么"，到关注"做成了什么"。这种思维模式的转变，可以让你的团队目标明确，工作高度投入。OKR 让每个人都很清楚自己的位置和贡献，并且群策群力共同推动组织的长足发展。

OKR 位于战略意图 ①、战略规划和战略执行之间的交汇点。

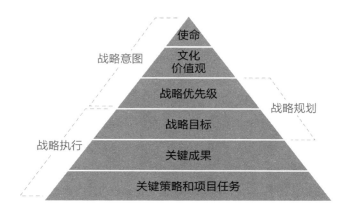

使命就像灯塔顶上的光，指引着组织的前进方向，代表着组织最高的行动纲领。使命和文化、价值观紧密相连，共同构成了组织存在的宗旨和意义。

举例来说，假设你经营一家游戏公司，公司的使命（业务的初心）可能是"让孩子从游戏中获得教育"。公司的愿景（未来的蓝图）可能是"每个游戏，皆是教育"。公司的文化和价值观，可能会通过"所触皆教育"和"日日学，日日新"等词体现出来。

战略优先级、战略目标和关键成果构成了组织的整体战略方向，也是组织所期望的价值产出所在。战略优先级是大方向指引，战略目标和关键成果则是战略落地承上启下的"联结器"。

让我们回到游戏公司的例子中，假设你正在开发一款新游戏。如果站在公司层的战略高度，你的目标不能仅仅是为了发行一款

---

① purpose 一般翻译为企业宗旨，由于这里包含了 strategic priorities，从内涵和措辞一致性角度出发，翻译为"战略意图"。——译者注

新游戏，以及为股东盈利的"政治任务"。作为一个企业，你需要（也应该）承担社会责任，因此应该设立有益于社会和环境的"共益目标"。此外，为教学示范方便起见，我们先选择盈利目标进行案例解析。你的技术团队为完成新游戏而采取的关键策略和项目任务，是实现战略目标和关键成果所必需的工作任务。

毋庸置疑，企业需要通过工作任务来维持运作，这些工作任务往往也是切实可见的，而且大多数员工也把时间花在这类执行层面的操作性工作上。但关键策略和项目任务本身并不是企业所期望的成果。它们是企业为实现经济成果所做的事情。这种看似简单的思维转变，即从"任务思维"转向"成果思维"，却能帮助组织释放巨大的价值。

通过引导组织全员从关注操作性的"任务思维"，转向关注价值性的"成果思维"，可以使组织中每个人都专注在业务成果上，而不是任务活动上。从关注"做了什么"，到关注"做成了什么"，让每个人都明确目标优先级，并找到产出成果的最佳方法。OKR 正是联结战略和执行的、承上启下的联结器和转换器。本书将为你提供 OKR 入门操作指南。

OKR 基本构成：
战略目标、关键成果和关键策略

你可以通过以下的介绍，来理解战略目标、关键成果和关键策略分别是什么。

战略目标：你想要实现什么？

战略目标是意图清晰的、鼓舞人心的方向。为聚焦重点，应把战略目标限制在 5 个以内。

关键成果：你如何衡量成功？

关键成果是可衡量的价值产出，既要挑战，也要落地，可以进行客观评分，数量是 3~5 个。

关键策略：有助于产出成果的项目和任务。

关键策略是驱动关键成果的核心活动，是要落地的重点项目和主要任务，以实现定义的成果。

这里有一条 OKR 撰写公式：

> **OKR 公式**
>
> 我要达成 ×× **战略目标**，通过 ×× **关键成果**来衡量，通过 ×× **关键策略**来实现。

战略目标是方向性的，无论在公司、部门还是团队层面，战略目标都牵引着组织前进的方向。

关键成果是可衡量的价值产出和战略结果，可通过它来验证组织是否正朝着目标准确无误地前进。

关键策略是为将关键成果推向正确的方向而采取的行动，是做正确的事情，并正确地做事情。

战略目标：某个阶段期望实现的主要目的

- **"成功清单"**：战略目标至多选择 3~5 个。这能帮助组织中的各个层级都有效地聚焦目标，从公司领导的 OKR 到团队和个人的 OKR。将所有你想完成的事情，精炼成一份由 3~5 个核心战略目标组成的"成功清单"，避免把目标管理变成一份事无巨细的"任务清单"。如果什么都很重要，那就什么都不重要。

特别提示，你可以用"混合"的方式创建 OKR 目标：一部分是必须达成的承诺型目标，另一部分是极富挑战的愿景型目标。这有助于打造创新型文化和发挥创造性思维，OKR 以此而闻名。

- **力求简练**：每个目标都应该简明精确、言简意赅。因为 OKR 在组织中是公开透明的，简练的表述旨在确保 OKR 一目了然，让组织中的每个人——上至高层领导，下至基层员工都看得懂并能明白 OKR 的内容和内涵。
- **自测问题**：你的组织有什么战略意图？你期望实现什么主要目的？

关键成果：基于战略目标定义的预期成果

- **务必具体**：关键成果应该是明确的、可量化的"数学题"，而不是主观的、模糊的、有多种解读的"语文题"，在关键成果部分，请使用明确的数字和指标。也可以用二元方式来衡量关键成果，比如某件事"是否"完成，需要提醒的是，二元选择不是最佳方法——可以接受，但不推荐。
- **数量匹配**：为每个战略目标配套 3~5 个关键成果。关键成果过多也会导致专注力涣散。OKR 应该像聚光灯，把能量聚焦在重中之重的成果上，而不是像散光灯，把能量涣散在无关紧要的结果上。要专注于关键成果，可以问问自己："哪些衡量指标能够切实击中要害，能够促进实现既定目标？"
- **自测问题**：每个关键成果都有明确的负责人了吗？谁对哪个关键成果的成功负责？当某个关键成果滞后时，利益相关者可以找谁？

关键策略：为实现关键成果而开展的行动

- **务实的理想主义**：OKR 是既仰望星空，又脚踏实地。因此，要确保你有能力（资源和时间）并有行动去落实 OKR 所需的各项关键策略和项目任务。把目标落实到行动上，让目标从理想照进现实，而不是纯粹做白日梦。
- **自测问题**：什么可能会阻碍关键策略和项目任务的落实？
- **向下赋权**：关键策略通常还会往下分解。当上一层的关键策略被委派时，该任务可能会成为下一层的目标或项目。这保障了公司范围内的 OKR 和部门工作优先级始终对齐一致。本书第二部分有更多关于这方面的内容。

战略目标、关键成果和关键策略
如何形成"三合一"有机体

下面，我用一个具体的例子来展示，战略目标、关键成果和关键策略，这"三体"之间是如何相互作用的。

回到之前游戏公司的案例，假设公司的战略意图是占领北美的电子游戏市场，那么，战略目标可以这样设置：

战略目标：成为北美最佳游戏平台。

"最佳"是什么意思呢？首先要明确的是，成为北美最佳游戏平台意味着什么？因为组织中不同的人会有不同的解读。"成为北美最佳游戏平台"到底是用营收金额、覆盖程度、用户数量，还是用其他不同维度来衡量呢？这时，你要基于目标来定义成果的客观衡量标准，这样整个组织才会对共同目标是什么及做成什么样，有统一的认知、清晰的理解，而不是直接跳到任务层面"做什么"，由此也避免了无效执行。

所以要进一步补充关键成果，以解释说明"最佳"长什么样子。

战略目标（O）：成为北美最佳游戏平台。
● **关键成果（KR）**：实现 1.5 亿月活跃用户。
● **关键成果（KR）**：用户留存率超过 90%。

那么，游戏平台怎样才能获得验证目标成功的关键成果呢？这时，关键策略就出场了，它说明"如何"取得关键成果。以下是包含了关键策略的 OKR 示例。

战略目标（O）：成为北美最佳游戏平台。
● **关键成果（KR）**：实现 1.5 亿月活跃用户。
● **关键成果（KR）**：用户留存率超过 90%。
● **关键策略（KI）**：6 月 1 日发布新版游戏平台，增强用户黏性。
● **关键策略（KI）**：增加 1000 万新用户，提高平台覆盖率。

只有完成了关键策略和项目任务，才有最大的概率实现关键成果，才能最终实现整体的战略目标。在许多情况下，关键策略和关键成果一样，都要密切跟踪和监测。

关键策略和项目任务是为实现目标而进行的具体活动，关键成果则是为衡量目标而设置的阶段性里程碑。

关键策略和项目任务是关于"你如何到达那里"的，具体的方法和行动可以是多种多样的。

关键策略始于战略目标和关键成果，并从公司层面向下分解。公司级的关键策略可以成为下一级即部门级的目标。部门级的关键策略可以成为团队级的目标。下一节会介绍更多关于该结构如何分解的内容，包括如何用可视化的方式呈现。

项目任务在团队和个人层面运作。它们是具体要完成的执行性的、战术性的工作，以实现相对应的成果和目标。

通过关键成果、关键策略和项目任务之间的传导和联动，将公司、部门和团队各个层级的目标有机地结合在一起，让组织中的每个人都非常清楚组织前进的方向和实现目标的方法。

如何让 OKR 在组织中流动

组织实施 OKR 最理想的状态，是让 OKR 从公司层的源头开始流动，一路流向部门、团队、个人，最终使每个层级都与公司的战略目标对齐一致。

但是，这种全员流通的理想状态不会一步到位——稍后我会向你介绍"分步进阶"实施方法——然而，全员使用应始终是 OKR 实施的努力方向。

让我们再次回到电子游戏公司的例子中。

假设高管团队提出了一个公司级的战略目标：成为北美最佳游戏平台。他们通过两个关键成果来实现这个目标：达到 1.5 亿的月活跃用户数和超过 90% 的用户留存率。

高管团队还设置了两个关键策略（KI），这是他们获得关键成果（KR），进而实现战略目标（O）的方法。

战略目标（O）：成为北美最佳游戏平台。
- **关键成果（KR）**：实现 1.5 亿月活跃用户。
- **关键策略（KI）**：增加 1000 万新用户，提高平台覆盖率。
- **关键成果（KR）**：用户留存率超过 90%。
- **关键策略（KI）**：6 月 1 日发布新版游戏平台，增强用户黏性。

但不是管理层亲自去执行这些关键策略。这些关键策略将委派给各个部门来承接，因此"发布新版游戏平台，增强用户黏性"这个公司级的关键策略，成为产品部的战略目标，同时与"用户留存率超过 90%"的公司级关键成果相联结；而"提高平台覆盖率"这个公司级关键策略，成为市场部的战略目标，同时与"获得 1.5 亿月活跃用户"的公司级关键成果相联结。

同样地，每个部门都会建立起部门级的关键成果，以及相应的关键策略，以实现部门级的战略目标。

在此，我要特别澄清"委派承接"这个词的含义，以免造成误解：创建 OKR 是双向的沟通协同过程，不是单向的摊派分配过程，无论哪个层级，公司还是部门，团队还是个人，都不应该闭门造车地写 OKR，而且在没有"双向对话"的情况下，单向摊派

OKR 也是行不通的。

从公司最高层领导起草公司级 OKR 开始，就要促进领导和下属之间的"双向对话"，帮助下属定位出他们的战略目标和关键成果。无论哪个层级都须秉持"双向对话"的做法，而且应该给予每个部门和团队选择"如何做"的余地，即在设置关键策略时保持灵活、因地制宜。"双向互动"的方式对每个人都至关重要，是成功实施 OKR 的关键所在。

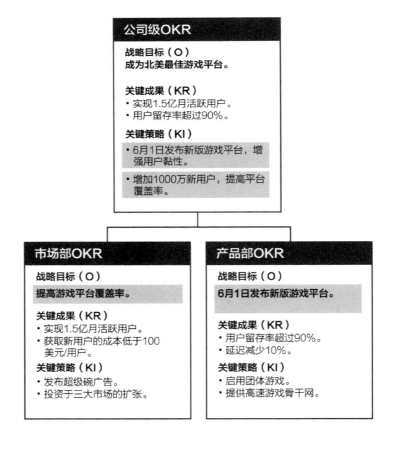

现在，让我们往下走一层到团队层级。这里以产品部的下级团队为例。

在产品部中，有平台团队和基础架构团队。这时，产品部的部门级关键策略，将转化成团队级的战略目标，分别委派给平台团队和基础架构团队来承接。

与公司和部门层面拥有关键策略不同的是，在平台和基础设施团队层面，拥有的不是关键策略，而是项目任务，因为他们承接的已是最基础的、项目类的执行工作，下面也没有其他团队可委派工作了。

基于以上的逻辑分析，相信基础架构团队再也不会困惑，为什么做"高速游戏骨干网"这件事了。

一旦有了明确的共同目标，并且明白它的重要意义（如：发布新版游戏平台→提高用户留存率），同时清楚了解目标实现后意味着什么（减少10%的延迟），就轮到你的团队亲自动手制订项目计划，为实现目标和成果开干了。

根据多年的从业经验，我认为，当战略目标、关键成果和关键策略首先在公司层面确定时，实施OKR最为成功。因为这有助于为所有部门和团队提供明确的方向，从而更能彰显OKR的价值。

虽然我认为从公司层开始实施OKR效果最佳，但尽管如此，这个过程绝对不应该像独裁统治一样运作，简单粗暴地把OKR从上至下单向地摊派，而不经过检查、质疑和来自部门与团队的共创输入。为什么不能这样简单粗暴呢？因为让OKR如此有价值的另一个原因是，它促进了整个组织开放透明、坦诚清晰的对话，讨论哪些目标是现实可行的，哪些目标是雄心勃勃的（甚至完全不可能），并且赋权给各个部门和团队，让他们自主确定斩获最佳成果的最佳行动。

产品部OKR

战略目标（O）
6月1日发布新版游戏平台。

关键成果（KR）
· 用户留存率超过90%。
· 延迟减少10%。

关键策略（KI）
· 启用团体游戏。

· 提供高速游戏骨干网。

平台团队OKR

战略目标（O）
实现团体游戏的功能。

关键成果（KR）
· 将用户参与度提高5%。

项目任务（Project）
· 建立新的用户研究团队。
· 4月1日前交付点对点联结功能。

· 6月1日前在点对点平台上交付
群玩功能。

基础架构团队OKR

战略目标（O）
交付高速游戏骨干网。

关键成果（KR）
· 延迟减少10%。

项目任务（Project）
· 开发高速游戏骨干网。

到目前为止，我们已经介绍了 OKR 的概念和示例，相信你对 OKR 已经有了基础的认知。接着，让我们进一步了解 OKR 的作用——企业为什么要使用它，它又能带来什么价值？

—— 第二章 ——

主要价值：
OKR 有什么用？

02

OKR 是已被验证的、能有效协同成果产出、创建透明度和激励员工实现突破性生产力的最有效方法之一。

我们在《2021 年目标管理现状》调研中，对 4500 名美国和英国的职场专业人士进行了调查，发现使用 OKR 作为目标管理方法的人，比使用其他目标管理方法或根本不进行目标管理的人，在很多方面有更优越的表现。

OKR 用户指出：

- 他们感觉更加充满能量并更勇于接受挑战。
- 他们更能体验到工作本身的内在激励。
- 他们对公司组织文化的评价普遍更高。

这些价值在当下更是弥足珍贵。麦肯锡最近的一项研究发现，在1958年，标准普尔500指数中上市公司的平均寿命为61年。[①]
到2022年，平均不到18年。麦肯锡认为，到2027年，标准普尔
500指数目前在榜公司的75%将消失。[②]

公司寿命锐减的原因是什么？原因可能来自业务的不确定性，
包括技术创新导致的颠覆；新冠疫情导致的全球剧变、兼并和收
购等。但最重要的可能是，在公司发展过程中，丧失了敏捷性，
以致缺乏应对环境变化挑战的能力。

问题是，随着不断发展，公司不可避免地会遭遇与日俱增的
复杂性和低效率，由此导致公司面临更大的漏洞和风险。正如洛
桑商学院名誉教授圣潘·加雷利所言："公司越大，生存所需的能
量就越多。简而言之，大公司花在内部管理自己的时间，比花在
外部管理客户的时间更多。"[③]

实际上，不仅是大公司感到芒刺在背。技术颠覆带来的无数
干扰和不断加剧的市场动荡趋势，创造了一个高压的环境，它足
以让任何规模的企业不堪重负。

本人多年来一直致力于帮助商业领导者改善企业的经营管理
状况，作为一名与众多商业领导者合作过的管理者，在我30多年
的商业生涯中，我认为有6个挑战最具共性，也最为突出。

（1）**低一致性**：团队正在做的事情与企业的最高目标脱轨，

---

① 引自圣潘·加雷利（Stéphane Garelli），《为什么你可能比大多数大公司活得更
长》，瑞士洛桑商学院（IMD），2016年12月。

② Philipp Hillenbrand、Dieter Kiewell、Rory Miller‐Cheevers、Ivan Ostojic和
Gisa Springer，《老公司，新业务：让公司幸存的组合》，麦肯锡，6月29日。

③ 引自圣潘·加雷利，《为什么你可能比大多数大公司活得更长》，瑞士洛桑国际商
学院（IMD），2016年12月。

地",造成了大量盲点、瓶颈问题和重复劳动。

（2）**低敏捷性**：缺乏清晰和有效的成功衡量标准指引，会导致在突发事件发生时无法迅速做出反应。

（3）**低价值性**：员工们发现，组织对他们的评价是基于日常的工作量和交付物的数量，而不管这些交付物，最终有没有为组织最重要的目标增加价值。重任务，轻成果，大家只关注"做了什么"，而不是关注"做成了什么"。

（4）**低透明度**：因为对绩效数据和重点优先事项的进展缺乏及时的看见和追踪，领导者无法准确地评估企业运作的健康状况。同样，员工对自己的工作与组织的优先级之间的关系，也缺乏清晰的看见和认知。

（5）**低门槛值**：很多时候，企业把目标管理变成了指标考核，员工设置"目标"的标准是"过竿就好"，只是为了避免惩罚或获得奖励。实际上，这不利于激发和促进成长型思维。

（6）**低纪律性**：目标管理过程散漫，缺乏一套正式而严谨的跟踪管理机制。目标跟进频率低，既不做规律的签到，也不做动态的校准。而且一个部门一套做法，造成前后矛盾、步调不一，难以问责。

为了解决以上问题，很多团队选择 OKR。通过 OKR 实现目标聚焦和团队协同，明确成果和价值产出，确保组织中的每一个人都围绕着共同目标而奋斗。OKR 为组织创建了一个坚实可靠的管理框架，让组织即使身处变幻莫测的环境中，依然拥有稳定的核心，能够以不变应万变。

现在，全球有很多大规模的企业采用了 OKR，同时，有很多小规模的公司也采用了 OKR。OKR 能够为任何规模的企业创造竞争优势，OKR 也可以为任何角色类型的个体所采用。

（1）**OKR 将工作关注点从任务输出转向价值产出**：在组织层战略设计的核心启用 OKR，能够天然地将团队的关注点，从操作性的任务输出转向有影响力的价值产出。此外，这还能减少因工作的意义和目的不明确而导致的身心倦怠，通过这种关注点的转移，更有效地推动业务发展。

（2）**OKR 创造跨团队协作，统一方向并促进协同**：当员工、团队、部门的目标，都与公司更宏大的战略目标对齐时，大家对工作优先级的安排，以及预期的价值影响力，就有了一个判断的依据。

（3）**OKR 让组织更敏捷地应对变化并降低风险**：在企业应对新冠疫情的高压挑战时，OKR 更加彰显其"利器"本色。OKR 为各层级的工作重点，带来了穿透性的可视化效果，让领导者得以前瞻性地管理风险，从海量数据中识别出关键变量。如果没有像 OKR 这样的集成管理体系，这些不透明的潜藏因素很可能被忽略。反过来，这又有助于企业将注意力从任务输出转移到价值产出，让企业在适当的时间，做出适当的改变，持续保持竞争力。事实上，我们的《2021 年目标管理现状》也反映出，OKR 用户（使用 OKR 进行目标管理的人）中 81% 的人每月都评估和校准目标；而非 OKR 用户（使用其他目标管理方法的人），只有 53% 的人这么做。

（4）OKR 创造了可记录、可测量、可掌控的清晰度：OKR 也有助于落实问责，而且这种责任是可追踪和可衡量的，可通过 OKR 软件或过程管理文档来体现。这种责任体现在两个层面：员工要对自己的 OKR 负责，公司要对员工负责，帮助员工追求并实现 OKR 目标。

（5）OKR 激发了员工的潜力、创造力和主人翁精神：OKR 促使员工与组织使命相联结。当 OKR 在企业中运作良好，并成为战略的驱动力时，员工将围绕企业的战略重点投注心力，为实现企业的战略目标贡献力量。

（6）OKR 持续的过程管理，提供了清晰的上下文沟通：做 OKR 不是把目标写完了就完事了。相反，它要求围绕关键的价值成果，建立起相应的业务节奏。它影响每一次的沟通互动，推动每一步的进度检查，以实现持续的优化迭代。

接下来，让我们深入解析，OKR 在当今商业环境中的具体价值。

使用 OKR 解决现代商业挑战

OKR 在企业成功三要素"使命、战略、员工"的三环交汇处。它既是这三要素的集结点，也是这三要素的黏合剂。

当企业成功三要素齐备时，可谓是天时地利人和——既有积极向上的员工敬业度，又有不断提升的业务绩效水平，还有由使命和价值观驱动的组织文化。试想一下，这样的企业怎么可能会不成功呢？

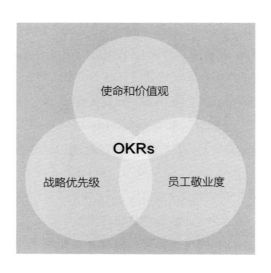

OKR 就是企业把理想变成现实的引擎，它把这三个成功的要素融为一体，环环相扣，而不是顾此失彼、互相排斥。

比如，你不用再纠结，到底是选择快速成长的业务，还是选择快乐敬业的团队。在过去，这两者好像是"鱼和熊掌不可兼得"的痛苦抉择。实际上，在 OKR 体系下这两者互相促进、互相滋养，都是企业实现长远成功不可或缺的要素。

我们再也不用扼腕叹息：为何公司的业务高速发展却留不住员工，或把员工限制在"一亩三分地"之中得不到发展？为什么明明公司拥有极高的生产力、极度敬业的员工，他们却在错误的方向上，做着错误的事情？

OKR 可以帮助企业打造成功三要素，从而应对这三个现代商业挑战。

透明和协同的重要性

透明和协同的问题，无论是对大企业还是小企业，哪怕在"好光景"时已是难题。在新冠疫情和全球剧变影响下，特别是进入混合工作模式后，更是让问题难上加难。

在远程工作环境中，很少有机会问候员工"嘿，你好吗？"然后观察他们的回应，从中抓住重要线索。尽管如此，数据也很清楚：员工处于挣扎中。我们需要找到新的方法来支持他们。
——贾里德·斯帕塔罗（Jared Spataro），微软 365 副总裁 [1]

透明（可见度）和协同（一致性）可谓是组织的命脉，不仅对员工很重要，还是管理的基准线，只有当员工知道他们为什么而奋斗，并且把力量用到点上时，组织的生产力、员工的敬业度、价值的清晰度，才更容易显现和实现。

> **实战案例：OKR 如何创建透明和协同**
>
> 帕特里克是世界上最大的独立装瓶商的财务部数据经理。
> 帕特里克说，自从他的团队实施了真正的 OKR 管理体系以来，他们的生产力提高了近 300%。该公司过去也曾经使用

---

[1]《微软工作趋势指数》"下一个颠覆是混合工作——我们准备好了吗？"，2021 年 3 月 22 日。

过"OKR"，那时每年一次性为员工设定 3~5 个目标。"有些人可以在一个月或更短的时间内完成所有目标，导致之后就没有抓手来促进沟通、发展员工或调配工作了。我事后最大的感悟是'哇，我们能做的远不止这么些'。"

现在，帕特里克和他领导的团队，不再采用年度目标的做法，而是在每个季度的最后一周，回顾上个季度的 OKR，并为每个小组和团队成员，创建新季度的 OKR。他们向上对齐高层的 OKR，向下引导个人的 OKR。这些 OKR 目标包括 60% 的核心能力培训和部门关键举措，40% 用于专业性的专项改进。

部门员工由于日常工作的性质，比较容易推进这些专项改进事务，但是把它们设置为目标，会变得更加真实。"有目标，才会动真格"，这些专项改进事务可以从普通的数据清理到对业务增长至关重要的大数据迁移。

OKR 会议的跟进和管理，也确保了没有任何事情遗漏。

如果我们发现，首席财务官的关键结果下面有目标承接漏洞，那么我们将分析谁可以接手项目并填补漏洞。我们在每个季度的首次 OKR 制定会议期间，检查并确保目标涵盖所有重要基础，确保每一项关键策略都涵盖在内。

当每个员工都能看到其他人在做什么，当透明成为目标规划的一部分时，大家的信心就会建立起来。每个员工都很清楚自己对组织短期和长期目标的影响，并对自己的独特位置以及如何为公司的成功带来价值了然于胸。

OKR 这种开放透明和协同一致的管理方法，正是当代企业的管理之道，是企业打破部门墙和传统筒仓的关键，也是我们每个人从今天开始，就可以着手去实践的方法。

加快业务增长

很多企业在拼命地提高"执行力"。你是否也曾经或正在被以下问题困扰着……

- 没有窗口可以快速了解业务或团队是否在实现目标的正轨上?
- 团队之间的目标是孤立的,团队没有朝着组织共同的目标而努力?
- 高层的优先级与团队或个人目标之间缺乏联系,执行情况一团糟?
- 你是否缺乏在业务的各个层面进行及时评估和校准的流程和工具?

OKR 将企业的优先要务与团队的日常工作紧密联系起来,让你可以简捷地进行过程管理和进度检查,从而精准地将注意力投放在有价值的成果产出上。

- **OKR 在公司和团队之间建立强有力的联结**。如果想快速实现公司的发展目标,就要像激光一般聚焦在那些能够真正推动业务发展的核心目标和关键指标上,而且这种压强式的聚焦,不只是领导的关注,还是全员的共同关注,让这种聚焦成为组织文化的核心。OKR 帮助企业定位成功的关键要素,帮助团队定义成功的衡量标准,从而让企业中的每一个人都指向同一个方向，并且理解自己是如何为整体成功作出贡献的。

这里理想的状态是，当一切进展顺利时，公司和员工一起庆祝胜利，感谢彼此的贡献。哪怕是结果不如意时，你也有一套系统的方法，让大家一起发现问题，知道是哪里没做好，什么需要做出改变，以及为什么要这样做。

- **提高决策效率和执行速度**。OKR 能够帮助企业提高决策效率和执行速度，让团队始终聚焦于最重要的事情，让领导者关注价值产出，而不是任务输出。无论是在目标取得巨大进展时，还是没能取得预期进展时，OKR 都有助于企业更快地发现成败的原因，把脉背后关键的"为什么"。

这里理想的状态是，每个团队成员都感受到被赋权，组织相信并授权他们独立做出正确的决定并迅速地行动，因为他们都已经清楚了自己的目标，并且明确了关键策略的优先级排序。

- **创建成长型的组织文化**。旧思维到不了新大陆，墨守成规难以创造组织发展的新动能。OKR 为组织提供了一个管理框架，让你可以通过影响力而不是权力来建构对话和分配资源，这为组织培育了创新的文化基因。

这里理想的状态是，每个团队成员能专注于他们的工作，并有权提出真实的想法和质疑的问题：比如"该工作的价值和影响是什么？"或"这与我们的 OKR 有什么关系？"等。OKR 为此提供了一个常规的框架和正式的机制。

实战案例：OKR 如何推动业务增长

2019 年，亚当·博伊完成了一项"不可能的任务"。作为 Trend Micro 混合云的安全副总裁，他不仅要保持解决方案产品的市场领先份额，还必须同时开发一个新平台，包括多个产品单元，旨在为客户提供一套更为连续的安全服务。新的跨部门云平台 Trend Micro Cloud One 成为该公司的一项重大举措，而且必须在年底前推出。

亚当说："我们需要一种有效的、可衡量的方式来实现组织协同，因为我们必须在年底前完成这项工作。""甚至连公司都觉得我们不可能按时交付。我们仿佛被赋予了一个不可能完成的任务，但最终我们完成了。"

OKR 帮助亚当和他的团队打造了这个全新的具有六种云安全服务的安全平台，而且比原计划提前了近一个月上线。亚当表示："新平台的上线为平台级销售打开了大门，我们关闭了多余的业务。""我们的销售团队多出了 29 天的时间，来获取销售线索并推进达成交易。"

从长远来看，亚当认为 OKR 正在为 Trend Micro 公司和混合云安全团队建立长期成功和持续创新的基础。

现在，OKR 促使全球的团队都朝着共同的愿景和目标而努力。OKR 还帮助亚当的团队创造了一种安全的文化，团队成员身居其中感到足够安全，无惧失败。"这种心理安全在塑造我们的文化和推动创新方面发挥着巨大作用"。

● **提高员工的敬业度**。员工倦怠，人员流失，掀起辞职大浪潮。这些现象级问题背后的共同原因是什么？基本可以归因于缺乏明确的目标和优先级，导致不健康的工作文化。一个拥有高专注力、成长型思维并且信赖其所在的组织和管理层的团队，将拥有更高的生产力和敬业度。使用OKR，可以培育这些品质。

- **提高团队的专注力。**提高专注力是提高敬业度的先决条件。从加里·凯勒（Gary W. Keller）的《最重要的事只有一件》(*The One Thing*)，到格雷戈·麦吉沃恩（Greg McKeown）的《精要主义：如何应对拥挤不堪的工作与生活》(*Essentialism: The Districted Pursuit of Less*)，再到最新的商业研究，我们都意识到，不管是个人生活还是职业发展，都需要专注，才能成大事。为了让团队集中注意力，你需要从目标设置的一开始就重视对齐和协同。OKR让组织中的每一个人都聚焦战略重点，并通过目标共创和开放透明来实现专注。

  这里理想的状态是，组织中的每个员工都清楚其工作的内容及意义，而且能够有效地管理OKR的工作量。随着时间的推移，OKR经过多次迭代和优化，工作量应逐步调适到合理的状态，避免出现员工任务超载或"贪多嚼不烂"的情况。如果公司的战略重点在年度或季度的中期发生变化，员工也能理解这对他们的日常工作有何影响——为了适应更新后的OKR，他们需要移除哪些工作——以及他们将如何为新的目标作出贡献。

- **培育员工的成长型思维。**企业需要全面培养员工的成长型思维（相信人的潜力可以通过努力的工作、良好的规划和他人的反馈来开发），帮助员工建立规律的学习习惯和实践节奏。OKR通过鼓励雄心勃勃的目标设置和敢于挑战、勇于担责的精神，来发展员工的成长型思维。当目标进展不顺利时，你和团队有清晰的认知，能够发现问题并解决问题，知道是哪里跑偏了，以及该如何纠正错误。

这里理想的状态是，员工在每次目标设定的开始时刻，都能感受到来自目标的动力和鼓舞，并在让人兴奋的、具有重大价值和意义的目标，和琐碎的、维护企业平稳运作的日常工作之间，取得恰当的平衡。

- **建立信任的文化**。企业主自身应该培养对团队成员的信任，这样员工才会自动、自发地工作，分布式的异步工作模式才能取得成功。OKR通过设定明确的期望值、定期的会议沟通和规律的签到制度，始终坚持目标对全员公开的做法，没有人会觉得自己被蒙在鼓里，把清晰最大化，把阴暗最小化，信任由此建立。

这里理想的状态是，员工不仅时刻都能感知到自己与OKR的联结，还知道实现目标所需的方法和路径，并在解决问题的过程中拥有自主权和获得支持，避免在季度末或年度末遭遇意外的"惊喜"。

实战案例：OKR 如何提升员工敬业度

乔·伊安是SaaS管理软件平台优云（Bettercloud）的财务规划和分析副总裁。在使用OKR之前，乔和团队也曾使用过"主流的"目标管理方法，但是，对很多员工来说，那种目标管理方法缺失了有关"为什么"的上下文背景信息。

乔谈到在公司采用 OKR 之前，采用的是基于数据驱动的指标式"目标管理"。他表示："我们可以通过多种方式，获得所有板块的指标数据"，"但是，我们更加需要的是一个有机的整体——让公司中的每个人都理解他们的目标，且如何对齐到组织整体的目标上。"

OKR 融合了企业上下全体员工的参与和承诺，使每位员工成为组织拼图中不可或缺的板块。员工由此生出认同感、责任感和为共同目标而奋斗的革命情谊，这是高速成长的企业必备的品质。

第三章

发展历程：
OKR的来历和演进

03

OKR是一种已有52年历史的目标管理方法，如果追溯其根源则已有接近70年的历史。但是根据我们的调研报告《2021年目标管理现状》发现，知道OKR的人并不多，只有29%的美国员工知道OKR是什么。这个数据与我过去几年用OKR软件服务数千名客户的经验相符。

OKR是由长期担任英特尔公司首席执行官的安迪·格鲁夫创建的一套目标管理方法，后来由约翰·杜尔在其战略管理巨作《这就是OKR》中将OKR推广至全世界。

约翰·杜尔曾经在英特尔公司工作。这位当时的英特尔职员，后来的风险投资家兼作家，在英特尔工作期间得到了"OKR之父"安迪·格鲁夫的"真传"。

OKR 的演进时间线

1954年，随着"现代管理学之父"彼得·德鲁克的管理学奠基巨著《管理的实践》（*The Practice of Management*）问世，现代目标管理理论[①]也登上了历史舞台。该理论更为企业所熟知和采用的是前半段，即 MBO 目标管理法。

目标管理方法彻底改变了当时陈旧的科学管理方法，大受企业欢迎，并且激励了当时许多的领导者和管理者，包括惠普和施乐等企业，都将其成功归功于采用了德鲁克的目标管理方法。

MBO 目标管理法，使企业能够审视组织目标，设定员工考核指标，监控目标和工作进度，考核结果，给予奖赏。

MBO 虽然很奏效，但由于它经常将员工的目标管理与绩效考核直接挂钩，导致了员工在制定目标时比较保守，更关注个人的绩效考核，而不是组织的战略目标。而且，团队之间的目标也缺乏透明度和协同性。

不恰当的考核方式，会带来变形的结果。道理不言而喻，当员工知道奖金的多寡，是基于目标实现的程度，肯定会首选保守和容易达成的目标，而不是选择困难且雄心勃勃的目标。

安迪·格鲁夫在英特尔公司实施目标管理的过程中发现，要使目标管理发挥最大的效用，应将目标管理与绩效考核脱钩解耦。格鲁夫在英特尔任职期间（1968年至1997年），改进了 MBO 目

---

① 德鲁克完整的目标管理哲学，即现代目标管理理论"目标管理与自我控制"（Management by Objectives and Self-Control, MBO+SC）。作者此处只提及了 MBO。——译者注

标管理法，起名为 iMBO（英特尔的目标管理），也就是后来的
OKR 目标管理法。①

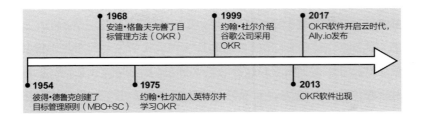

格鲁夫提倡的"高产出管理"方法，不仅明确将目标管理与
绩效考核分开，还引入了"关键成果"部分，作为衡量影响和价
值贡献的指标，与战略目标配对。这是他成功将英特尔打造成世
界上最大的半导体制造商的"秘诀"。

如上图所示，OKR 不是新鲜事物，它已经存在了 50 多年。在
这段时间里，它的工具载体发生了巨大的变化。以下是 OKR 在过
去 50 多年中，经历的 3 个不同阶段的演进情况。

OKR 1.0 "手工时代"

正如英特尔校友会主席霍华德·雅各布（Howard Jacob）和

---

① 在英特尔时被称为 iMBO（英特尔的目标管理），详见 *High-Output Management*
（《高产出管理》，国内译为《格鲁夫给经理人的第一课》）。后来由约翰·杜尔改
名为 OKR。格鲁夫关于这一点的阐述是："即使一个下属没能达成所设定的目
标，他的绩效仍有可能被评为卓越。目标管理的用意是让人能按进度行事——好
比手拿秒表，自己评估自己的表现。目标管理并不是人事部门的工作手册，可以
用来决定奖惩，它只是衡量绩效的方法之一而已。如果上司只用目标管理来决定
下属的升迁赏罚，以致下属只专注于制定好的目标，错失了其他可能，难免会只
见树木不见森林，这不是很专业的做法。"——译者注

董事会成员詹姆斯·凯普（James Cape）最近告诉我团队的那样：
"我们早期通过投影仪的透明箔介绍 OKR。虽然这操作起来很麻
烦，但是你必须从某个地方开始。至少这也在一定程度上，让
OKR'透明'的概念变得具象。"

很多早期使用 OKR 的公司都是这样操作的，要么用投影仪共
享，要么打印在纸张上。这导致公司和部门之间的 OKR 对齐联结
和检查优化费时费力。由于每个团队的操作方法不一样，也导致
了效率低下，真正的透明难以实现。

OKR 2.0 "第一代 OKR 软件"

第一代 OKR 软件帮助组织将全部 OKR 内容整合到一处，并
且以前所未有的速度提高了透明度和数据处理能力。

但第一代 OKR 软件仍残留着"手工时代"的问题，比如系
统是孤立的，给员工一种"又多了一个管理工具"的感觉。软件
操作上的不便，导致 OKR 难以在组织中大范围推广应用，因而
OKR 没能成为贯通组织上下工作流程的一部分。

由于没有和其他管理系统和业务系统打通，只能通过手工方
式更新 OKR。再加上没有嵌入用户的工作流程中，第一代 OKR
软件系统给人"又一个工具"的印象，这削弱了 OKR 的影响力和
使用率。

第一代 OKR 软件可谓是心有余而力不逮。目标是正确的，但
功能不给力，因而无法实现全员普及 OKR 的愿望。

OKR 3.0 "互联时代 OKR 软件"

在过去的几年时间里，很多公司已经转向"云"来解决绝大部分的问题，OKR 软件也不例外。这一代解决方案将数据和推进日常工作的项目管理工具无缝衔接，通过直观简单的用户体验，使人人都能便捷地访问 OKR 软件。

互联时代的 OKR 软件，初始学习曲线很短。对进展情况检查、分析和迭代，都是实时进行的。

这一代 OKR 软件还可以通过强大的集成，将公司的战略目标直接和员工日常使用的系统联结，使进度的更新实时且准确，沟通和协作简单且高效，这使得所有需要理解上下文背景，和理解工作背后的"为什么"和"做什么"的目标所有者、利益相关者和对关键策略有依赖关系的员工来说，得以享有透明和同步的信息。

无论你采用何种目标管理方法，如果想实现像 OKR 那样的跨职能整合协同的效果，首先要进行组织文化变革。本书会详细介绍这个过程，但要收获 OKR 这些宝贵价值，承诺的决心、专业的培训和成长型心态都是必不可少的。

OKR 软件的未来

在下一阶段，OKR 软件将无缝集成到员工体验、项目管理、敏捷开发计划和个人日常工作中。员工每天早上只需登录仪表盘看看，即可对当天的工作任务一目了然。员工可以从中了解如何逐步拿下关键成果，如何实现战略目标甚至是组织的使命，以及看到他们在本季度剩余日程的工作概况，并且可以获取各种各样的工具支持，以提高生产力、提升幸福感和改善健康状况。所有这些功能都集成在一个软件中，通过一个直观而简单的界面实现。

也许，这么先进的工作场景，首先发生在那些最成功和最复杂的组织中。但是，随着越来越强大的软件集成，和越来越多的自动化选择，在未来，这种员工体验将无处不在。

在未来十年左右，通过软件的赋能，可以确保从经营领导层到团队管理层，再到个人贡献者，每一个人都非常清晰自己的工作内容、工作意义，以及衡量成果和成功的标准。这看似不可思议，但最终都会变成现实。

第四章

谬误澄清：
OKR 的误解和神化

04

在本章中，我将澄清一些关于 OKR 的主要误解——有些误解，你可能已经有所耳闻，或者正好在疑惑当中。

尽管 OKR 目标管理法已经诞生很多年了，但是在这几年才"爆红"。尽管 OKR 已经发展得更加简捷和更易操作，但是依然有不少关于 OKR 的过时认知。因此，我特意清理一下这些误区。

OKR 只关乎结果测量

通常，很多组织在编写 OKR 的时候，只写到战略目标和关键成果这两个层面，没有与实现这些成果所需的关键策略和项目任务联系起来。这会导致两个问题：

（1）**没有切实的计划来支撑成果落地，此时的 OKR 更像是一个愿望清单**：战略目标对应的关键成果，要同时具备两方面的特性：可延展的挑战性和可落地的现实性，并且包含实现该目标和成果的执行计划。

（2）**关键策略和项目丢失了原点，没有关联上目标，忘记了为什么出发**：如果关键策略和项目偏离了正轨，肯定难以产生预期的成果。当战略目标和关键成果改变时，如果关键策略和项目不随之改变，敏捷性就只是纸上谈兵。

（3）**缺乏完整的信息来展示 OKR 的全貌**：我们不仅需要看到成功的衡量标准，还需要看到实际的行动落地。

关键策略是 OKR 框架不可或缺的构成要件，本身应该被关注和追踪。我们将在第七章对此进行更详细的讲解。

OKR 只用于高层领导

通常，当你在组织中下沉一至两个层级时，你所能感知到的目标清晰度会减弱甚至消散。恰恰是那些远离组织高层的员工，他们不确定自己为什么要做正在做的事情，他们需要明确目标的意义并和组织的战略目标保持一致。

为了让整个组织有效地专注于战略优先级，让每个团队成员都理解、参与并对齐组织的使命和目标，全员普及 OKR 是很重要的。

在 OKR 导入的最初阶段，大家对它还不熟悉时，从高层开始自上而下地开启变革是不错的选择。但是，即使是在这样的早期阶段，每个人都至少应该可以看到并了解公司顶层的 OKR，即使基层的员工暂时还不用撰写自己的 OKR。

这些"种草行为"有助于提高组织透明度，并且让大家先预热 OKR。随着组织越来越精通使用 OKR 来推动业务，他们可以有条不紊地将 OKR 推广到下一个层级——部门级、团队级，最终到个人级。

我将在本书的第四部分，对此进行更深入的探讨。

常见误区：
OKR 可以直接用来考核个人绩效

在组织应用 OKR 的早期，我建议将其保持在公司和团队层面，确保关注组织的整体绩效，而不是个人的绩效。当然，个人也应该清楚地了解自己的目标和组织的绩效期望。（在第四部分介绍如何开展 OKR 项目时，我们将进一步对此话题进行探讨）

阻碍组织在个人层面应用 OKR 的一个常见困惑是，不知道 OKR 与个人层面的绩效考核以及其他人力资源流程（如人才管理和薪酬激励）的关系。

虽然 OKR 看起来很像团队经理或员工个人的绩效目标，但实际上，OKR 和个人绩效考核背后的原则截然不同。

OKR 目标管理原则	个人绩效考核原则
超越：OKR 通过设定极具挑战的目标来提高绩效。达到 70%~80% 的关键成果即可被视为成功	达成：基于现实的期望进行考核，在大多数情况下，对员工的考核要求是 100% 达成率
聚焦：OKR 重点关注 3~5 个最能影响组织绩效的关键领域	综合：员工得到的奖励包含其所有的工作内容和贡献，其中包括与 OKR 无关的工作
透明：OKR 的过程管理和绩效评估都是客观的，并且是全员公开可见的	私密：个人的绩效考评通常被视为员工与其上级之间的私人讨论

OKR 的侧重点在于提高组织的整体绩效。当在组织和团队层级设置 OKR 时，它们不用于评估个人层级的绩效考核和薪酬奖励。

然而，让目标管理和绩效管理这两个重要的流程完全脱节，也会给员工带来困惑。当你的 OKR 旅程进入个人 OKR 阶段的时候，我建议你这么操作：

- **让 OKR 目标管理关注商业成功（组织绩效），让绩效管理关注个人成功（个人绩效）。** OKR 和其他板块系统中所做的工作一样，可以成为绩效管理的一部分输入。
  OKR 应该成为员工目标管理和职业发展对话的抓手，以确保员工的关注点始终在对业务和团队有价值的影响上，而不是在个人的绩效考核上。
- **不要将 OKR 目标评估的得分，作为个人绩效考核的得分。** 一个 OKR 得分不高的员工，说不准是因为承担了一个非常艰难的目标，但是表现依然可圈可点，甚至创造了足以刷新组织的认知，在未来提高组织绩效上有所帮助。你总不想让员工失去制定挑战性目标的动力，和尝试可能会对业务绩效和自身职业发展产生积极影响的新事物吧？——那可是与 OKR 的初衷背道而驰的。在 OKR 评估环节，要考虑所有影响 OKR 成果产出的因素，再做出打分决定。OKR 得分不高但绩效卓著的情况很常见，哪怕 OKR 客观上得分为 0.5 分，个人真实的绩效依然有可能被评为优秀。

这里的原则和基准是什么？那就是在 OKR 目标管理和绩效管理之间采取选择性的均衡。如果将 OKR 与绩效考核紧密捆绑，既会削弱目标管理的效果，也会损害绩效考核的价值。但两者也不应没有关系，OKR 的价值产出应该成为绩效考核的关键输入，这样员工才更愿意自我拉伸、自我加压，才更有动力将日常工作与业务价值联系起来。

OKR 是一种僵化的、非黑即白的二元方法论

OKR 可以是灵活的。你可以根据组织的情况定制，本书也会教你如何操作。以下是两种典型的 OKR 灵活应用方式。

承诺型 OKR 与愿景型 OKR

承诺型 OKR 是你承诺必达的目标。愿景型 OKR 是你用尽了"洪荒之力"，也不一定能完全实现的目标。愿景型 OKR 虽然超越你和团队的能力极限，甚至超乎你们的想象，但是会促使你们走出舒适圈，收获意想不到的成长。

你可以混合使用承诺型 OKR 和愿景型 OKR，也可以只选用其中一种类型的 OKR。你甚至可以在关键成果的层面，配对结合承诺型 OKR 和愿景型 OKR。这里的原则和基准是，你选择自己的"探险组合"，也允许团队有同样的自主权，选择他们的"探险组合"。

狭义对齐与广义对齐

对如何在组织的各个层级对齐 OKR，有不同的做法。

约翰·杜尔在《这就是OKR》中所举的例子①，就是"狭义对齐"的做法，即上级的关键成果（KR），成为下级的目标（O）。如我在上文所提到的那样，这种做法由于缺失了关键策略环节，经常造成"你想要的目标实现标准（关键成果）"和"你如何实现目标（关键策略）"之间的混淆。

当我们在OKR框架结构中纳入关键策略这部分后，我发现"广义对齐"做法在实践中更有效。以下三种做法，可供参考：

做法1：从公司层面（组织的最高层级）向下传递战略目标（O）、关键成果（KR）和关键策略（KI）。 此做法，是把上级的关键策略，作为下级的目标。当上级的某项关键策略成为下级的目标时，目标的负责人可在必要时修改措辞，不用原样"复制粘贴"上级的写法。在整个组织中接力贯穿该过程。

做法2：从公司层面（组织的最高层级）向下传递战略目标（O）和关键成果（KR）。 此做法，公司不预设关键策略，而是由各个部门自主地提出相应的目标、成果和任务，只要能够支撑公司的战略目标和关键成果实现即可。在整个组织中接力贯穿该过程。

做法3：不特定传递公司的OKR，由团队自主创建战略目标（O）、关键成果（KR）和关键策略（KI）。 此做法，给予部门和团队最大的自主权，由他们自行确定为公司的哪些战略目标或关

---

① 实际上，这是约翰·杜尔特意举的一个反例，说明僵化的"过度关联"的危害。杜尔指出：适度的层级和关联，可以使组织运营更加协同一致，但当所有的目标都沿着组织层次过度关联时，就有可能退化成一个机械的、纯粹由数字粉饰的活动。这会带来丧失敏捷性、缺乏灵活性、员工被边缘化、对齐维度单一这4个方面的不利影响。详见《这就是OKR》"沙滩独角兽公司：梦幻橄榄球队"。

键成果作出贡献，然后创建相应的 OKR。这种做法很适用于那些靠使命而非管理流程驱动的组织。

这里最重要的提示是，OKR 对齐是一个双向的沟通协作过程，在这个过程中，公司级、部门级、团队级和个人级的 OKR 都不是闭门造车，千万不要在筒仓中建立 OKR！

另外补充解释一下，做法 1 和做法 2 的根本区别在于：在做法 1 中，公司级的关键策略是由首席执行官（CEO）起草的，然后转化成为部门级的战略目标，并由部门级的目标负责人进行编辑。在做法 2 中，公司级的关键策略是由负责承接的部门起草的，经由首席执行官审批后，正式成为该部门的目标。

总的来说，OKR 的应用没有"一刀切"的方法，它应该始终是公司、部门、团队和个人之间的合作对话的抓手。本书旨在为你提供最佳实践参考，最终由你选择适合自己的方式。

OKR 只适合高科技或高增长企业

这是我听到的最常见的误解之一。原因是可以理解的，因为我们平常听得最多的，关于某些公司成功利用 OKR，推动业务发展和提升员工敬业度的最著名例子，就是来自像英特尔这样的高科技公司。

然而，我和我的团队已经帮助了 1000 多个团队和商业领袖实施 OKR，并且看到了全面成功的经营成果，很多企业来自非高科技或非高增长行业，从小型的初创公司，到中型的发展中企业，再到大型的成熟企业。

OKR 是用来操控团队的控制系统

有时，OKR 也被误认为是领导监控团队和个人的另一种"手段"。实际上，OKR 存在的本意是为组织提供上下文背景信息和业务因果逻辑，赋能并赋权给团队和个人在任何情况下，都能够基于对组织的使命和愿景、文化和价值观、战略优先级和 OKR 目标的深刻理解，作出正确的决策。

要从一开始就避免这种误会，关键是要在 OKR 构思和创建的初始阶段就让团队参与进来，并且建立定期的对话和沟通机制。这样做不仅可以彰显 OKR 协同的价值，还可以通过征求建议和意见的做法，让团队共同参与其中。

我还建议领导者鼓励团队自下而上创建 OKR 的做法，并且花时间认真理解这些自下而上的 OKR。我看到有些组织的做法是：创建两到三个自上而下的 OKR，结合两到三个自下而上的 OKR。有时，来自团队级的 OKR，也会被提升为部门级或公司级的 OKR。

最后还有一点：OKR 频繁的签到要求，不是为了监视你的团队，而是为了帮助团队持续专注于最高优先级，做好注意力管理，避免分心走神。

OKR 和 KPI 是同一回事

假设我从西雅图开车去波特兰看望朋友。我的目标（O）是在某个时间到达波特兰。我的关键成果（KR）可能是保持平均时速

60英里（约97千米），或是在特定的时间达到特定的里程碑。而我的KPI可以来自任何方面，从汽车轮胎压力到机油寿命，或挡风玻璃、雨刷器液位等。这些指标都是重要的、全面的，但不是当下实现目标的最关键指标。

KPI和OKR相互补充。KPI涵盖了业务的方方面面，侧重点在于维护公司日常的运作，为的是"让车子不熄火""让灯亮着"。所以，在公司的各个层级，可能有许多KPI。

而OKR侧重于改进少数能大幅提升绩效的关键领域——"将最重要的赌注，押宝在能真正扭转乾坤的事情上"。与这些关键改进相关的KPI，通常会成为这些战略目标（O）的关键成果（KR）。

例如，你的IT团队可能会为公司的网站管理设置KPI，以跟踪网站的可靠性、加载速度、每日访问次数和错误率等信息为方向。IT团队还可能会在其他领域拥有更多的KPI，如及时回应服务请求、将开支控制在预算内等。如下所示：

- 网站加载时间小于2秒。
- 错误率低于流量的0.005%。
- 将新区域的访问量从200万增加到500万。
- 100%的服务请求在24小时内得到响应。
- 网站总花费不超过35万美元。

以上这些领域的KPI，除非需要重点改进，以实现公司的战略优先级目标，否则它们将不是IT部门的OKR。

IT部门的OKR战略目标可能是专注于"增加公司网站的访问

量"，通过为新的区域建立一个新的网站来实现。这时，该地区访问量的 KPI 将是该战略目标的关键成果之一：将访问量从 200 万提升到 500 万。该战略目标的关键策略是"在本季度中期建立一个具有区域内容的新网站"。其他 KPI 虽然对 IT 部门的工作仍有价值，但是并未上升到部门 OKR 的高度。

如下所示：

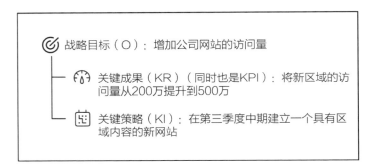

战略目标（O）：增加公司网站的访问量

关键成果（KR）（同时也是KPI）：将新区域的访问量从200万提升到500万

关键策略（KI）：在第三季度中期建立一个具有区域内容的新网站

企业可以结合使用 KPI 和 OKR，基于不同的场景需要：KPI 用于常规的、普通的方面；OKR 用于需要重点突破的领域，以实现企业的战略优先级目标。

—— 第二部分 ——

II

OKR 的应用原则

在第一部分，我介绍了 OKR 的基础认知和核心原理，以及如何通过 OKR 来联结战略、执行和人员，促进业务发展。

在第二部分，我们将深入探讨如何有效地使用 OKR，并配套相关案例帮助你和团队实施 OKR。

OKR 创建了一份"经营合约"，让整个组织的工作得以协同。你正在定义每个部门、团队和个人如何协作，以实现组织的总体业务目标和未来发展蓝图。如要实现这样强大的效果，就要有一套行之有效的方法，我将在本部分进行介绍。

第五章，我们将首先研究如何制定战略目标 (O)，如何从影响力的角度来思考目标，如何为团队和公司制定不同类型的目标，以及提供一些企业的实战案例参考。

第六章，我们接着研究如何制定关键成果（KR），并探索一些不同类型的成果、示例，我还将与你分享一个练习，帮助你验证是否为每个目标都设置了正确的关键成果。

进一步，我们将详细拆解分析关键策略（KI）和项目任务，并举例说明如何将关键策略与战略目标联系起来。

然后，我会分享一种互动研讨会（或称"团队共创工作坊"），你和团队可以采用这种共创方法来起草自己团队的OKR。我还会为OKR的过程管理提供实践指导，包括签到检查和回顾复盘环节，并以OKR的常见问题答疑作为结束，这些都是像你这样的领导者所遇到的常见问题。最后，我将提供关于如何在不同的业务层级使用OKR的具体操作指导：组织层面和部门层面，如战略与运营、人力资源、市场营销、销售等部门，包括来自不同职能领导者的见解和案例。

第五章

定位战略目标

05

要撰写一个高品质 OKR，起手式是先写好目标陈述。OKR 中的"O"，即战略目标，是一个意图清晰、语言简练、鼓舞人心的"宣言"，展示了你想要实现的目的和意图。

在本章中，我们首先讨论什么造就了一个优质的目标，在接下来的两章中，我们继续讨论其他两个组成部分（关键成果和关键策略）。

把战略目标写好后，你的目标将与你的使命联结起来，让你得以重点专注在需要推动的最重要的业务成果上，在组织和团队中创造清晰度，并激励团队发展成长型思维。这种专注、清晰和激情，都体现在你对目标的陈述上。

每个目标都应该简洁、清晰、精练。我通常建议目标陈述在一行字内表达即可。目标还应该关注其对成果产出的影响力和感召力，而不是直接落到团队的具体活动。

举个例子来理解这一点，你可以将战略目标看作地图上的最终目的地，而非导航到该目的地的中途路标点。接下来，让我们进一步深入探讨，撰写战略目标时需要注意的关键方面。

目标应设置时限

战略目标需要对应一个明确的时间框架来完成。通常，我们会看到以年度或季度为时间范围的战略目标。年度 OKR 为季度 OKR 提供了长期背景，通过每三个月一次的闭环，让进度更有紧迫感和节奏感。我将在后续的业务节奏部分，介绍更多有关 OKR 周期的内容。

OKR 目标不一定要精确地在季度或年度 OKR 周期结束时"踩点结束"——目标实际完成的日期，可以早于年底或季度结束时。

从"为什么"开始

如果你写的是企业最高层的战略目标，一个有益的练习是回顾企业的使命、愿景、价值观和长期战略优先级。一个好的目标要联结到更宏大的组织意图上。你决定在今年或本季度关注的任何事情，都应和长期愿景保持一致。

如果没有这种长期愿景作为背书，你的短期（季度或半年度）OKR 目标将面临无法与战略优先级保持一致的风险。

在团队或部门定位自己的 OKR 目标之前，需要先了解同一时段的上一级的 OKR，这将提供我"为什么"要做这样的 OKR 的背景信息。如果没有长期愿景或高层目标可以参照，团队或部门仍然可以先起草 OKR，然后再尝试将其与长期愿景或高层目标对齐。

目标应创造焦点

一套好的 OKR 战略目标定位，能为组织中每个部门、每个团队和每个人的目标规划，带来清晰的方向和焦点。

将组织每个层级的战略目标数量限定为 3~5 个。目的是为了在给定的时间段内，OKR 能够像聚光灯一样，投射到最有影响力的关键业务领域，而不是像泛光灯一样，照遍每一项日常活动和所有的 KPI 指标。

随着 OKR 在组织中深入应用，你会发现 OKR 的数量越少，团队的工作效能越高。关键在于 OKR 帮助团队锁定了关键业务领域——这是已经确定的重中之重———一个可以产生最大影响力的地方。这也有助于防止组织的力量涣散，让组织能够集中力量进行饱和攻击。

目标应鼓舞人心

想象一下，你和全体员工举办年终庆典的场景，庆祝公司今年取得了巨大的成功。这一刻，时间仿佛静止了，你正在人群中发表讲话，总结公司今年的成就。这一刻，你讲的故事是什么？

换句话说，当你回顾当年最鼓舞人心的成就时，如果只能选择其中的 3~5 件事，那么，哪几件事对你的企业影响最大？

承诺型目标和愿景型目标

我经常听到一个常见的 OKR 问题是："我应该设置多少个承诺型目标？多少个愿景型目标？"

- **承诺型目标**：必须达成的目标。应调配资源和时间，以确保目标必达。
- **愿景型目标**：雄心勃勃的目标，旨在扩展能力边界，以推动业务发展。愿景型目标预期不会 100% 实现。相反，实现 70%~80% 即可认为是好的。

雄心勃勃的愿景型目标，旨在拓展你和团队的边界。它培养你的成长型思维，它迫使你思考并回答："假如这个目标超出了我们寻常的预期，我们要采取什么不寻常的方法来实现它？"

这也是战略目标为何要匹配关键成果的关键所在。一个志向远大的愿景型目标，需要有同等志向的关键成果来衡量。（下一章将对此进行详细介绍）。

我通常建议绝大多数（即使不是全部）的 OKR 应该是愿景型目标。你也许一开始还做不到，但是随着不断精进，你的 5 个 OKR 中，至少要有三四个属于愿景型目标。

OKR 目标应该激发团队中每个人的成长型思维，同时他们也需要你明确指出团队成长的方向。

如果你的公司正朝着 2023 年首次公开募股（IPO）迈进，那么这个目标将成为团队的凝聚点，也是一个需要密切追踪的目标。它还为每个部门提供了背景信息，促使每个部门思考对该目标的贡献，以及如何与其他部门协同。这不是"维持现状"的"常规工作"，这是雄心勃勃的战略目标，需要让团队跳出常规思维的藩篱。

目标应系统平衡

一般来说，企业会用3~5个战略目标来捕捉数个关键领域。这确保了组织系统的健康平衡，而不是单一地把所有目标集中在业务或团队的某个领域。我通常在组织高层的目标中看到以下四个维度：

(1) **业务增长**：第一类目标是财务表现，如增长能力和盈利能力。这类目标可以是一个很好的起点，因为它通常会推动其他领域的发展。

(2) **客户**：第二类目标以客户为中心。这可以包括满意度、保留率、参与度、推荐率或选购率等。在客户层面，感受比数字更重要。当谈到客户体验时，什么对你和你的企业是至关重要的？

(3) **产品服务**：第三类目标是围绕产品。无论是会计软件还是瑜伽服饰，或是你提供的服务，如税务筹划或健身课程等，都可以成为销售的标的。产品或服务方面的目标，通常侧重于创新、质量、效率或速度。

(4) **人才**：第四类目标是基于人的。员工是企业最宝贵（也是最昂贵）的资产之一，因此，请使用这一类别围绕人员的选育用留、员工敬业度或建立公司文化来制定目标。这类目标，真正承载着实现组织目标所需的具体工作。

好的战略目标长啥样？

让我们来看看两个不同的战略目标陈述。一个品质较好，一个品质欠佳。

- 较好：让我们公司在明年成功上市。
- 欠佳：维持销售和客户成功交接流程，以保持客户体验。

现在，让我们分析一下目标品质好坏的判定标准。

较 好	欠 佳
简要、精练 呈现重大的商业价值 有时限要求（"在明年"） 鼓舞人心（成功上市是一项重大成就）	冗长、累赘 没有呈现重大的价值 没有时限要求 平淡乏味（维持常规工作，没有体现进步）

一开始时，写好 OKR 目标会有点困难，但是随着经验的累积，你会逐渐驾轻就熟。确保你写出来的 OKR 目标，对组织中的每个人都产生足够的影响力，可能是你要做的最重要的事情之一。

在接下来的两章中，我们将通过关键成果和关键策略来扩展战略目标的内涵。在第二部分的末尾会有很多案例供你参考，以帮助你更好地制定出公司和部门的 OKR。

第六章

定义关键成果

06

随着战略目标方向的确定，你将进入明确成果的阶段。也就是，衡量目标成功与否的标准是什么？

这些便是战略目标的关键成果，通过成果来衡量目标的产出。关键成果通过定义目标成功的内涵，来提高目标的清晰度。

关键成果是将团队的关注点从操作性活动转向价值影响力的关键一步。关键成果有非常重要的作用，除了使结果的价值更加清晰以及让团队更加专注外，关键成果还提供了定期追踪进度的功能，通过对关键成果进度的衡量，你知道自己是否走上了正轨，以便在铸成错误前采取必要的纠正措施。最后，关键成果还用于在季度或年度 OKR 周期结束时，对目标整体的实现程度进行评分——它们为团队提供了一种客观的评估和学习方法。

关键成果应该创造清晰

每个战略目标一般有 3~5 个关键成果，这些结果加起来等于成功实现目标。一个战略目标对应 3~5 个关键成果是经验法则，因为这个数量能为目标提供恰当的清晰度。如果关键成果太少，你可能无法系统平衡、全面完整地衡量战略目标的成功。如果关键成果太多，又会削弱清晰度和模糊焦点。

总的来说，关键成果应该是可量化的、可客观测量的价值产出，对实现战略目标有重要的影响力。

例如，假设战略目标是"赢得客户的喜爱和信任"。其中一个关键成果可能是：将 NPS（客户净推荐值）提高 5 分。

这个成果不仅清楚反映了对目标的影响，同时也是可衡量的。NPS 分数可以通过客户调查和其他工具，在整个季度或一年中客观地进行衡量。

价值产出优于任务输出

我经常看见的一个问题是，大家定义关键成果时，写的是任务输出（Outputs）而不是价值产出（Outcomes）。从任务输出的角度来写关键成果，大部分是基于任务驱动的"要做什么"，而不是基于效果预期的"要做成什么"。

以成果为导向的目标，始于以终为始的目的。如果从任务输出开始，你可能知道你在开车这件事，但你不知道你的目的地在哪里？如果从价值产出或影响力的角度开始，你就可以反过来制定正确的关键策略和行动计划。

这个看似简单的转变，如何衡量目标的成功，恰是 OKR 的核心价值——将团队的关注点从"要做什么"转移到"要做成什么"上，即从任务输出转移到价值产出上，从而更有效地实现团队和企业的战略目标。

好的关键成果长啥样？

让我们来看看两个不同的关键成果描述。一个品质较好，一个品质欠佳。

在这个例子中，假设战略目标是"让用户愉悦并提高参与度"。

- 较好：将月活跃用户数（MAU）从 5 万增加到 8.5 万。
- 欠佳：在网站产品页面中添加新的集成，并优化导航以促进访问者的转化。

现在，让我们分析一下成果品质好坏的判定标准。

较 好	欠 佳
简要、精练 关注效果（做成了什么） 通过数据分析，可以客观测量 （定量：月活用户从 5 万增加到 8.5 万）	冗长、累赘 关注活动（做了什么） 结果模棱两可，价值难以衡量 （定性：比如"优化导航"之类的说法）

一开始时，写好关键成果也是挺难的，像定位目标一样不容易，但经过实践后会熟练精进。还是那句话，确保你写出来的 OKR 目标和成果，对组织中的每个人都产生足够的影响力，可能是你要做的最重要的事情之一。

有时，关键成果对目标的影响力可能无法在同一季度或同一年内完整衡量。在产品开发中这种情况比较普遍，产品开发过程中，某个时间段的产出是先交付一些东西，其效果和影响要在之后的阶段进行衡量。在这些情况下，项目计划、准备和交付的里程碑，都可以作为关键成果的有效先行指标（leading indicators）——旨在告诉你，你正朝着正确的方向前进——在接下来的几个季度里，你会得到可衡量价值的 OKR。如果你能妥善地切分阶段，在本季度或本年度就看到效果和影响，那是最好的；如果不能，那退而求其次，采用先行指标来衡量结果也是可行的。

承诺型关键成果和愿景型关键成果

和战略目标的类型一样，关键成果也可分为承诺型和愿景型。通常，承诺型目标对应的关键成果，也是预期 100% 必达的。愿景型关键成果则是超越历史标准或所有者完全可达的结果，是目标所有者自主自发去挑战的结果。愿景型关键成果实现 70%~80% 即可认为是好的。

可以将承诺型关键成果和愿景型关键成果结合使用。采用何种类型取决于对应的目标是承诺型还是愿景型。

确定关键成果的过程示例

以下是一个示例，说明如何在实践过程中定义关键成果。

苏珊是主人公。她是一家软件公司的首席执行官，她和团队制定了公司的战略目标。

O：实现突破性的收入增长。

在深入定义具体的细节之前，苏珊和她的团队先后退一步，从更高维度思考他们的挑战。"突破性的收入增长"到底意味着什么？如果上一年公司的收入增长 25%，达到了 1 亿美元，也许今年公司希望增长 30%。

那么，关键成果（KR）可能是：

KR：推动收入增长 30%。

又或者，苏珊和她的团队可以更直接明了，用具体数字来表达收入增长，让团队专注于一个明确的结果：

KR：创造 1.3 亿美元的收入。

通常企业有不同类型的收入：经常性收入、账单收入，产品与服务收入等。可以添加这些细节，以提高精确度，或者留给各部门在下一级制定。这一关键成果在进一步添加细节后，如下所示：

KR：实现 1.3 亿美元的账单收入。

这一关键成果明确了"实现突破性的收入增长"意味着什么。它同时使组织能够直观地看到一段时间内的进展，并在必要时采取纠正措施。然而，仅有这个关键成果，还不足以实现系统平衡。比如，该组织是否希望不惜任何代价实现突破性增长？假如答案是否定的，那么最好再添加一个关键成果来补充澄清这一点，以便为组织的健康发展保驾护航。假设苏珊的团队也希望提高利润率，从去年的 13% 提高到今年的 15%。这时，他们将为战略目标增加另一个关键成果：

KR：将利润率提高到 15%。

这也是一个可客观测量的结果。收入和盈利能力相关指标，通常在财务软件系统或财务部门的报表中进行跟踪。

OKR 软件解决方案可与财务或商业智能系统联结，通过自动更新关键成果，提供有关 OKR 进展和状态的可视化视图。

苏珊和她的团队可能还想建立一个长期的战略重点，让收入目标更加健康和平衡。当组织朝着收入目标"钱进"时，同时为组织长远的成功做好准备，可以通过向正确的客户销售来保障。这时，关键成果可能像这样：

KR：60% 的新客户来自核心企业板块。

当定义好这三个关键成果后，苏珊和团队的 OKR 汇总如下：

战略目标（O）：实现突破性的收入增长
- 关键成果（KR1）：实现 1.3 亿美元的账单收入。
- 关键成果（KR2）：将利润率提高到 15%。
- 关键成果（KR3）：60% 的新客户来自核心企业板块。

通过为每个战略目标匹配 3~5 个合理的关键成果，苏珊和团队得以衡量他们对最高业务优先级的影响。

进行必要且充分的测试

当确定好了战略目标及其关键成果后，就要进行所谓的"必要且充分"的测试。

检视你的战略目标和对应的关键成果，然后问自己："这些都是实现战略目标所必需的关键成果吗？"

如果答案是肯定的，那么这些关键成果就通过了必要测试。如果答案是否定的，那么就要花更多时间重新定义关键成果，以提高相关性和可测量性，确保你的目标落地更靠谱。

重复这个练习，但这次要反过来问："如果我完成了所有关键成果，我是否成功实现了战略目标？"如果答案是肯定的，那么这些关键成果就通过了充分测试。如果答案是否定的，你就要花更多时间来定义更给力的关键成果。

第七章

订立关键策略

07

始终谨记，OKR 是一盏聚光灯，旨在为企业的优先要务提供焦点，而不是泛光灯，不分重点事无巨细统统关注。OKR 是你和团队切切实实制定的目标和跟踪的指标，还有为实现这些目标和指标而要优先处理的工作和任务。

这里很重要的一点是，必须将关键策略与日常工作区分开来，日常工作是"让灯亮着"，维持企业的基本运作，但是只有关键策略才能推动组织发展，实现核心战略目标。

什么是关键策略？想想有哪些事情是实现战略目标"必须"做的事情。此处，也要进行"必要且充分"测试，和刚刚的关键成果测试一样。关键策略连同关键成果，都是实现战略目标"必要且充分"的构成。

关键策略可以是公司级或团队级的任何项目。公司级的关键策略也可以委派给特定的部门或职能团队，这时，关键策略就成了该团队的战略目标，在此基础上，团队定义自己的关键成果和关键策略。

为关键策略营造环境

在订立关键策略时，重点关注四个要素。

（1）**保障资源**：OKR 是有时限的，团队应有相当的能力完成目标所需的工作。为关键策略设定一个既务实又富有挑战（但可实现）的最后期限，你和团队共同承诺于此，并且确保你们拥有适当的资源、利益相关者的支持，时间和资金分配到位。

（2）**保持专注**：OKR 既要仰望星空，也要脚踏实地。很多人在规划工作任务时，容易犯的错误是过于相信自己同时处理事情的能力。虽然你可以为每个目标设定许多关键策略，但在一个季度中最好是精心挑选几个，然后全力以赴把它们做好。始终对你和团队的注意力保持批判性觉察，不时地质疑和反思是否把战线拉得过长，把力量摊薄了。OKR 是关于聚焦和压强的"成功清单"，当你罗列长长的待办"任务清单"时，就有可能失焦了。

（3）**追踪进程**：关键策略要求可追踪，这样你就知道自己是否正在实现目标的正轨上。这个实施起来应该不难，可以结合关键成果同步追踪。

（4）**明确重点**：关键策略不是普通的任务，关键策略是企业的核心优先要务。不管是对高级领导还是普通员工，它的重要性都是显而易见且简明易懂的。

关键策略示例

让我们回到之前苏珊的案例，她是某软件公司的首席执行官，现在她和团队有以下OKR：

战略目标（O）：实现突破性的收入增长

- **关键成果（KR1）**：实现 1.3 亿美元的账单收入。
- **关键成果（KR2）**：将利润率提高到 15%。
- **关键成果（KR3）**：60% 的新客户来自核心企业板块。

为了实现 1.3 亿美元账单收入的关键成果，该公司的策略可能是增加 2500 万美元的新客户收入，并将现有客户的收入从 1 亿美元提升到 1.05 亿美元。

为了实现该成果，关键策略可能是：

- **关键策略（KI1）**：创造 2500 万美元的新客户收入。
该关键策略可以向下委派给销售团队，并成为他们的目标。
- **关键策略（KI2）**：开发新产品以升级现有客户。
这将是一个跨团队的关键策略，需要产品、销售和客户成功团队共同协作。

为战略目标甄选最得力的关键策略，旨在集中力量移动本季度的"大石头"，而不是把力量耗费在"小石子"上。你依然可以通过项目管理的方法来追踪任务的细节，但在 OKR 架构中的关键策略应该是精练的，以求清晰和对齐一致。

事实上，这个过程的大部分可以通过集成的 SaaS 产品实现自动化。将 OKR 和项目管理软件（本地部署或云端接入）结合起来并不难，还能让所有参与者更清晰地看见，公司业务从战略到执行的全过程。

企业的日常工作有很大的惯性，大部分是基于当下的需求或改良的需要来安排的，很少会刻意围绕着具有决定性作用的"大赌注"来规划。OKR 提醒你要特别重视策略和项目环节的精心策划，当你设定了雄心勃勃的 OKR 目标，相应的工作就要能够足以支撑它们。

一个成功的 OKR 规划，包含了实现该目标所需的关键策略、重点项目和任务活动。当谈到如何实现企业的使命、愿景、价值观和战略目标时，不能少了支撑它们落地的项目、任务和活动。当然，你也留意到，我强调的是"关键"，始终谨记，OKR 是聚光灯，帮助你聚焦在具有决定性作用的"重中之重"上，而不是提供事无巨细的一揽子任务解决方案。

第八章

对齐联结OKR

08

在本章中，你将学习如何首先在经营领导层建立公司级OKR，然后将其联结到各个部门和团队，形成对齐联结。这个过程可能有点棘手，要始终谨记保持灵活性。各个部门的OKR应该反映出自己独特的思考，没有所谓的整齐划一的标准模板，也千万别复制粘贴式地"照葫芦画瓢"。这个过程需要双向的沟通和协作，也需要持续的迭代和校准。

如同之前已经介绍过的，你可以通过不同的方式，让OKR在整个公司中对齐。选择一种最有助于实现目标的、和团队情况最适配的对齐方式。

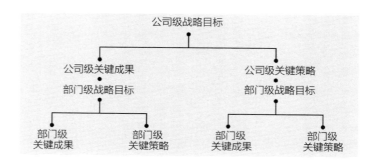

通常来说，应该首先定位顶层的（公司级）OKR，这样可以给整个公司提供指导方向。然后，各部门和团队根据公司的 OKR 来规划自己的 OKR，并且向上对齐公司的 OKR。

我会在本书的第三部分和第四部分，介绍更多有关 OKR 规划和会议的内容。一般而言，当确定了公司顶层的 OKR，随后部门、团队和个人的 OKR，可以直接在公司预定的 OKR 范围内对齐。同时，也允许例外的存在，比如，某个关键成果是某个特定部门的特别情况。在这种情况下，可以单独设置，不受公司 OKR 的限制。基于一般经验法则，我们团队的建议是，80% 的 OKR 应该与上层对齐，但 20% 的不对齐也是允许的。

我同时建议，组织中每个层级的 OKR，都有其专属的负责人。

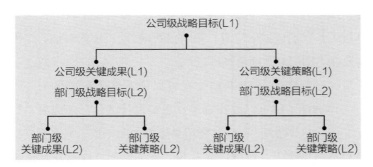

例如，作为一家公司的首席执行官，我拥有并负责全公司的战略目标及其关键成果。但是，这并不是说，这些 OKR 都是由我这位 CEO 闭门造车"造出来"，然后单方面发布给员工的。实际上，它们是由高管团队集体创造出来的。同样地，每个高管团队成员也会邀请自己的团队成员提供建议和反馈。

在高管团队共同把公司顶层的 OKR 制定好之后，他们将把这些 OKR 带回各自的部门，接着创建部门的 OKR。高管带领部门创建的 OKR，要与 CEO 带领高管团队创建的 OKR 对齐。公司 OKR 指导高管明确哪些关键成果需要他们部门负责推动，哪些关键成果仅仅需要他们部门支持，这使他们能够更清晰和更有效地制定部门的 OKR。公司顶层的关键成果与部门级的关键成果可能有不同的度量要求，但两者都对业务有至关重要的作用。

在理想的状态下，可以通过一个软件平台将公司全部的管理系统集成起来，所有关键成果和关键策略的进展都由数据驱动并且自动更新。OKR 负责人只需在检查签到时，添加注释说明上下文背景即可，而不用花时间查找数据。如果没有集成软件平台，那么关键成果或关键策略的所有者，将要负责更新数据，或者是指定代理人作为签到人。各个层级的领导人（首席执行官、部门领导、团队领导等）负责准确把控进展：是否在正轨上？领先还是落后了？我们该如何应对？OKR 旨在推动正确的对话，这种理解需要在不同层级之间流畅地进行。

当你在制定公司 OKR 时，也可以说，你是在为整个公司下注——你选择了将重点放在哪里？想实现什么目标和成果？如果你下了正确的"赌注"，而且公司全体的方向一致，那么下一级的产出自然能支撑上一级的成果实现。你的时间，应该花在讨论和分析你的赌注（OKR）以及各个 OKR 之间实质的因果关系上，而不是花在形式的对齐上。

OKR 的实施层级

公司（或子公司，如果 OKR 尚未在全公司使用）至少应该建立两层 OKR。通常的形式是首先建立"公司级"（由 CEO 负责）

和"部门级"（由各个部门领导负责）的 OKR，不一定要建立团队级和个人级的 OKR，特别是在公司首次使用 OKR 的情况下，我建议你不要操之过急。在本书的第四部分，我会介绍一种分阶段的方法，手把手教你一步步实施 OKR。但谨记，要想成功地将 OKR 落地到你的组织中，你要从变革管理的角度来思考规划。为了让每个员工都能用上 OKR，首先要让经理和高管用好。

而且，个人不需要拥有 OKR 也能从中获得价值。公司和部门的 OKR 应该是全员可见的，并且是组织内部日常沟通的一部分，通过这些方式，也可以把 OKR 内化和融入团队之中。这为全公司最终全面使用 OKR，奠定良好的基础。

在公司最高的两个层级开始应用 OKR，可以确保整个组织的协同；以及确保各个部门的目标，首先在高层级上与公司的目标对齐。

如果你要为个人创建 OKR，那么个人的 OKR 要向上对齐或横向对齐。当个人和公司之间存在中间层级时，个人的 OKR 不宜跨度过大，不应直接连接到公司级（L1）OKR 上。团队和个人的 OKR 应该首先与上一级或邻级的 OKR 对齐，避免将对齐关系搞得过于复杂和凌乱，以致分不清责任和贡献，搞不懂到底哪个团队，应该为哪个"赌注"负责？

OKR 的上下对齐

正如我在前面介绍过的，OKR 有两种常见的对齐方式。

第一种，是传统的对齐方式，也是最早在《这就是 OKR》里面介绍的方式，我们称之为"狭义对齐"。在这种方式下，上一级的关键结果直接成为下一级的战略目标。对这种紧密的"无缝对接"的级联方式，毁誉参半、褒贬不一，很多公司也成功采用了这种方式。然而，对先进的、分布式的、更复杂的矩阵化组织来说，这种紧密对齐的方式，可能就不那么适用了。

对新型组织，我建议采用"广义对齐"的方式。在这种宽松对齐的结构下，部门和团队可以选择直接把公司级的关键成果（或关键策略）作为自己的战略目标，也可以选择自主创建一个全新的二级目标，再与公司级的战略目标对齐。尽管"广义对齐"的方式也褒贬不一，但是根据我的经验，批评更多来自 OKR 纯粹主义者，他们迷信紧密对齐的方式。对 OKR 实践者来说，关键在于找到问题的最佳解决方案，他们更倾向于"广义对齐"的方式，可以根据实际的业务情况进行调适。广义对齐更加灵活，在这种方式下，关键策略也可以转化为下一级的战略目标。

让我们看看不同方式的示例，以了解 OKR 对齐的工作原理。

方式 1：狭义对齐

通过狭义对齐，直接挂钩级联。下面是一个使用狭义对齐方式的 OKR 级联示例：公司级的关键成果直接成为部门级的战略目标。

公司级战略目标：赢得客户的喜爱和信任。

公司级关键成果：在第四季度将保留率提高到 99%。

简珍（客户成功副总裁）部门级战略目标：在第四季度将保留率提高到 99%。

简珍（客户成功副总裁）部门级关键成果：在 12 月前为 100%

的风险客户实施客户改进计划。

简珍（客户成功副总裁）部门级关键成果：在第四季度将 NPS 得分从 7 分提高到 8.5 分。

简珍（客户成功副总裁）部门级关键成果：在 12 月前将客户参与度从每月 1 次提高到每月 2 次。

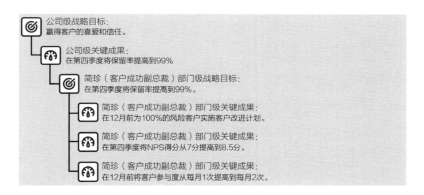

简珍的方法是直接继承公司的关键成果，作为自己部门的战略目标。她为战略目标另外设置了 3 个关键成果，用来衡量这个目标的成功。

因为部门目标的实现需要其他团队成员的支持，所以关键成果继续传递给其他团队成员，成为他们的目标之一。"为 100% 的风险客户实施客户改进计划"现在成为客户成功总监尼克的季度目标之一。尼克接着设置 3~5 个关键成果，以帮助自己衡量是否实现了目标。

尼克（客户成功总监）团队级战略目标：为 100% 的风险客户实施客户改进计划。

尼克（客户成功总监）团队级关键成果：将客户响应时间从 72 小时缩短到 24 小时以内。

尼克（客户成功总监）团队级关键成果：将完成的季度业务回顾（QBR）总量从 88% 提高到 100%。

尼克（客户成功总监）团队级关键成果：制订 1 项行动计划，包括 3 项改进措施，并在本季度实施。

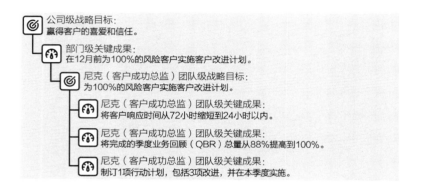

如此往复，OKR 可以继续在尼克的团队中向下拆解，直到落在每个独立贡献者的个人 OKR 上。

方式 2：广义对齐

另一种 OKR 级联方式，是先创建公司级的战略目标、关键成果和关键策略，并允许每个部门和团队有灵活度，在支撑公司 OKR 的前提下，自主定义自己的 OKR 内容。

以下是这种方式的示例：

简珍（客户成功副总裁）部门级战略目标：提高客户满意度。

简珍（客户成功副总裁）部门级关键策略：找出导致客户不满的三大原因，并采取纠正措施。

简珍（客户成功副总裁）部门级关键成果：将客户响应时间缩短至 24 小时以内。

简珍（客户成功副总裁）部门级关键成果：解决 90% 的未决案件。

简珍（客户成功副总裁）部门级关键策略：建立客户咨询委员会。

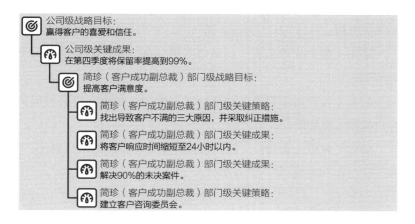

简珍当然知道公司会通过 NPS 分数来衡量他们部门目标的成功程度。

简珍选择把"提高客户满意度"作为部门级的战略目标，因为这是一个更能贡献和影响公司战略目标的目标。和简珍一样，尼克也要创建一个相关的、能影响公司"赢得客户的喜爱和信任"目标的 OKR。

尼克发现了一个能提高公司客户满意度（CSAT）得分的机

会。为了支持部门实现"提高客户满意度"的目标，尼克选择把安装服务作为重点。于是，他把团队级的目标定位为"提高客户对安装服务的满意度"，CSAT > 4.5 为关键成果。同时，尼克及其团队的相关工作，也要围绕着简珍部门级 OKR 中的关键策略，如服务于"建立客户咨询委员会"的要求。

尼克（客户成功总监）团队级战略目标：提高客户对安装服务的满意度。

尼克（客户成功总监）团队级关键策略：部署新的产品培训和安装流程。

尼克（客户成功总监）团队级关键成果：新客户群体的安装参与率达 65%。

尼克（客户成功总监）团队级关键成果：每周在办公时间为客户提供 4 次培训。

尼克（客户成功总监）团队级关键策略：定义 CAB 目标列表并与潜在客户联系。

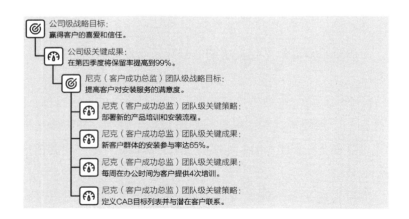

在这个示例中，简珍和尼克都创建了相关的、可测量的关键成果，他们以此来辨别自己是否实现了战略目标，并用关键策略展示出他们将如何实现战略目标。

OKR 的左右协同

战略目标和日常工作经常脱节。这是因为战略规划是自上而下的，而工作计划是自下而上的，缺乏有效的流程来联通两端和弥合差距，从而造成了战略和执行"两张皮"的困境。

如何防止这种情况的发生呢？如何让每个员工的工作都对准公司最重要的目标呢？如何让组织自下而上和自上而下结合起来呢？

这正是最能体现 OKR 利器作用的地方：对齐和协同。

在关键策略、项目和任务层面，有三大维度的对齐和协同：

- 与公司 OKR 整体的对齐
- 部门和团队内部的对齐
- 跨职能、跨团队的协同

在本节中，我们将探讨这类跨团队协同的情况，以及它们如何促进 OKR 项目的落地。

跨团队协同

无论任何一个部门或团队，围绕着共同目标进行协同，都应该成为常规的工作习惯。

从部门目标与公司目标对齐开始，设定相应的关键成果和关键策略。这些 KR 和 KI 为你的团队提供了重点关注的工作方向：通过项目任务的落地，实现你设定的 OKR。这些工作计划考虑了范围、时间和截止日期以及依赖关系。通过对要完成的工作和可能无法完成的工作进行详细分析后，你可以根据需要调整方向，以确保个人的关键成果和战略目标以及部门的关键成果与战略目标，这仍然是正确的工作重点，它们仍然值得追求，仍然有实现的可能性。

跨部门协同

比起部门内的团队协同，更复杂的是部门间的团队协同。不同部门的团队之间，存在着复杂的交叉依赖和重叠关系，不同团队有不同的 OKR 目标、不同的关注领域，以及超出团队可控范围的干扰因素。

对跨部门协同，我建议使用矩阵筛选法，逐个部门过一遍，找出前后矛盾、重叠和依赖的地方。如下示例。

营销部门 战略目标 （O1）	营销部门 关键成果 （KR1）	营销部门 关键策略 （KI1）	营销部门 IC 团队 项目任务（Task 1）
是否与产品部门的 OKR 目标重叠？	是否依赖产品部门实现此关键成果？	是否依赖产品部门完成此项计划？是否重叠？	是否依赖产品部门的人员参与完成任务？

在这个例子中，营销团队带产品团队过一遍自己的 OKR 和相关工作，以确定计划中是否存在重叠或依赖关系。然后换产品团队带营销团队过自己的 OKR。当对话结束时，双方会发现，要么对齐了，要么还有缺口或错位之处。

我看到部门规划工作时的一个最大问题是，规划发生在孤立的筒仓之中。部门只和纵向的高层战略目标对齐，却没有和横向的同级部门对齐，由于跨部门之间没有共享目标和执行计划，造成了部门重复劳动并错失市场机会。

虽然 OKR 的部门间协同方法，要投入较多的时间和精力，但是会帮助各个部门更好地协作，从而获得整体的成功。

第九章

团队共创OKR

09

如果这是你和团队的"第一次"——大家伙用共创的方式，创建出你们共同的OKR，这可能会让你略感具有挑战性。应该从哪里开始呢？如何组织这项工作呢？

不用担心，本章将会为你提供一个团队共创工作坊（交互式研讨会）框架，帮助你和团队减少共创OKR时的阻力和失误，同时还会循序渐进地指导你，制定出有意义和有影响力的目标，以及衡量目标成功定量的关键成果。

> **小贴士**：创建OKR要采用双向互动的方式，从公司顶层的战略目标（或是从公司的战略重点中提炼出来的团队目标）开始，向下级联到组织的其他部分。同时，每个员工都以"我就是管理者"的心态主动与上级对齐，就如何最好地定义自己的个人OKR提供创见。

工作坊前检查清单

● 确定OKR教练（OKR Champion）：就像敏捷开发中的

敏捷专家（Scrum Master）和产品负责人（Owner）一样，确定由谁来进行领导和主导项目行动至关重要。如果团队规模还比较小，可能需要你本人亲自出马。OKR 教练负责指导团队成员，确保每个人参与其中并贡献力量。OKR 教练还要确保有一个系统来跟踪和衡量团队的 OKR 进展情况。我将在第二十二章中对 OKR 教练的角色进行更多介绍。

- **邀请团队输入**：在共创会之前，邀请团队成员先行思考，就他们认为团队在未来几个月应该关注的战略目标和关键成果准备好分享内容。如果公司级 OKR 已经确立和传达，那么团队应将此作为优先级的对标基准。

工作坊实施流程

简要回顾

工作坊开始前 30 分钟，先向团队"科普"OKR 的基本概念。确保每个人都了解 OKR 的原则、流程、公式和术语，区分清楚什么是 OKR，什么不是 OKR，以及如何进行过程管理，如何在期末评估得分。进行培训预先打底，明确要求和期待，统一方法和思维，为接下来的工作坊实践做好准备。

以下是一个培训大纲，供你作为入门的基础。

掌握 OKR 公式

OKR 被定义为"战略目标和关键成果"的框架组合，旨在帮助你回答不同维度的问题：

（1）我想去哪里？

（2）我怎么知道我到了那里？

（3）我该怎么做才能到达那里？

通过 OKR 制定目标有一个标准公式：

战略目标（O）：定性的、鼓舞人心的目标，是公司、团队和个人统一的方向和目的地，是最终的结果或结局。

关键成果（KR）：定量的、可测量的指标，支撑实现目标。这些结果显示出个人或团队实现目标的程度或距离。

关键策略（KI）：是为了取得关键成果而采取的行动。

- **如果是公司层级 OKR 的关键策略**：一般会成为下一级部门或事业部的目标。
- **如果是部门层级 OKR 的关键策略**：一般会继续转化成下一级团队的目标。
- **如果是团队或个人级的关键策略**：是为产出成果而执行的具体项目或任务。

> **小贴士**：确保你有能力（资源和时间）完成你的关键策略——OKR 是"现实的理想主义"，既要仰望星空，又要脚踏实地。

谨记

- **OKR 不是不切实际的、模棱两可的目标**

OKR 是志向远大的、定义清晰的、知行合一的目标，能够最大限度地拉伸你和团队的能力，推动你和团队前进。

● **OKR 不是普通的、常规的待办事务清单**

OKR 一端服务于组织的使命，另一端维系着组织的绩效，在组织的战略目标和成果产出之间架起桥梁。为数不多的 OKR，却是企业的"成功清单"。OKR 要在整个组织中共享，以促进激励团队协作、提升透明度、对齐协同和聚焦专注。

第一步：明确公司宗旨或战略意图

15 分钟 OKR 旨在为公司全体带来更大的一致性、清晰度和灵活性。在撰写任何团队或个人 OKR 之前，首先必须了解公司的经营宗旨和战略意图，列出公司的战略优先级。你可以选用白板或任何数字化协作工具来进行梳理。

第二步：选择级联方式

正如我在第四章中提到的，OKR 级联对齐的方式主要有两种：狭义对齐和广义对齐。狭义对齐的方式让公司高层对下级部门的 OKR 有更强的掌控感，而广义对齐的方式给部门领导和团队主管更大的自主权和灵活性。

第三步：定位战略目标

在这个练习中，首先定位出 3~5 个你想要实现的目标。保持目标描述清晰、简练、鼓舞人心。建议用动词来开头，让目标有行动感。例如，"让公司的每一位 OKR 负责人都收获成功。"现在，你就可以动手练习"打样"，定位 3~5 个你希望在未来一段时间内实现的目标。

第四步：定义关键成果

谨记：关键成果必须是可测量和有时限的，作为目标是否成功实现的衡量标准。每个战略目标对应的关键成果不要超过 5 个，确保你有精力和能力做到。为每个战略目标制订 3~5 个关键成果，定义出它们之间的支撑关系。

必要时，你可以使用以下公式：

动词 + 你要测量的内容 + 从 x 到 y

例如：增加出席人数从 350 人到 500 人。

第五步：订立关键策略

除了为每个战略目标定义关键成果外，还要订立出团队为实现这些目标和成果需要推动的 3~5 个关键策略。关键策略是你要牢牢把握的重点任务，而不是普通任务。

第六步：通过"必要且充分测试"，验证你的 OKR

检查你的战略目标（O）及其关键成果（KR）和关键策略（KI），自问："所有的关键成果和关键策略都是必要的吗？"如果答案是肯定的，那么它们通过了必要性测试。如果答案是否定的，那么请花更多时间优化完善你的 OKR，使它们更具有相关性和可衡量性。

重复练习，但这次要反过来问："如果我完成了所有的关键成果和关键策略，我会实现我的战略目标吗？"如果答案是肯定的，那么它们通过了充分性测试。如果答案是否定的，那么请花更多时间来优化关键成果和关键策略，使它们更"给力"和更有支撑性。

—— 第十章 ——

常见问题答疑

10

我和团队根据多年来的实战经验，汇编了一份 OKR 的常见问题列表。我想和你分享一些问题和答案，让你不必为同样的问题困扰。

如果目标没有 100% 达成，该怎么办？

很多目标管理方法和衡量工具的关注点在于完成既定的目标，没有 100% 完成既定目标即被视为失败。而 OKR 的关注点则在于拉伸团队的能力，超越已知的极限，并将所有团队联结起来，共同对齐到组织的使命和战略目标上。OKR 目标管理法的思维，不是达成思维，而是超越思维，它鼓励设立那些看起来有些遥不可及的、雄心勃勃的目标。OKR 的经验法则是，设立一个有抱负的目标，达成 70% 即可视为成功。

请相信，一分耕耘一分收获，极致耕耘极致收获，现在的努力未来会有回报。组织通过制定强有力的战略目标为员工提供指导原则，赋予员工主动权；当组织在前进时，通过清晰且可测量的关键成果，为团队指引具体的方向和可落地的行动。

OKR 过程，进步比完美更重要。随着时间的推移，过程会变得熟练，但更重要的是行为的改善和过程本身带来的价值。要记住，你玩的是一场无限游戏，没有必要太早判定胜负。你要坚持到最后，而不是现在出局。

我们已经使用敏捷开发，
为什么我们还需要 OKR？

敏捷开发（Agile）是一种软件开发和项目管理方法，其原理是通过将工作分解为小的、可消耗的增量来减轻与重大发布相关的负荷，并内置持续迭代的评估过程，使团队能够快速适应和响应变化。

"我们已经使用敏捷开发，为什么我们还需要 OKR？"

我听过很多类似的争论和质疑，尤其是从产品型团队和工程型组织那里。但只要深入研究对比，就会发现，不管是组织、管理者还是个人，都会认同两种方法之间有相通的哲学，有协同增效的作用。这种作用来自双方共享的核心原则：对话、对齐，当然还有——敏捷。

OKR 是有意义对话的催化剂。OKR 方法论非常强调双向的沟通和互动，而敏捷方法论的创始人在定义敏捷文化的《敏捷宣言》中，提出的核心价值观之一就是"个体和互动高于流程和工具"。

首先是对话，我当然相信工具能够组织、协调和激励团队，正如你在本书中所看到的，我相信流程可以对公司文化产生巨大的影响。但是，如果对话不存在，那么在任何框架下，这一切都不会成功。

其次是对齐，这是敏捷方法论的第二个原则，也是 OKR 方法论和敏捷方法论能如此出色、自然地协同的原因。敏捷开发最强大的地方之一，是组织跨职能、跨团队在项目上快速合作的能力。而正如我们所知，OKR 也特别强调，将所有项目和人员与公司最高的战略优先级对齐。

那么，两者的区别在哪里呢？两者的区别很简单——分别在于价值产出和任务输出。

OKR 注重成果的价值产出，敏捷开发注重过程的任务输出。

还记得第一章的金字塔吗？这个上下文框架有助于我们理解，OKR 和敏捷开发为何能如此成功地协同。

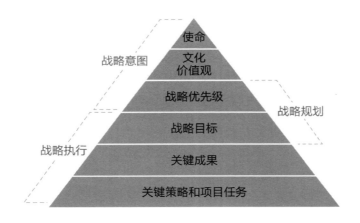

敏捷开发可谓是一个强大的工具集合体，可以用于协调、计划、划定范围、交付项目和构建特性，但事关战略性的问题，（"为什么要开发这个特性？"或者"我们想实现什么战略目标？"等）这些都是 OKR 范畴内的问题，需要在敏捷开发施行前就解决掉。

以上就是 OKR 和敏捷开发"双剑合璧，威力无比"的原因所在。OKR 可以帮助你和团队专注于最重要和最雄心勃勃的战略目标，确定正确的工作方向，而敏捷开发可以帮助你和团队进行项目规划并交付执行，实现 OKR 的关键成果和完成关键策略所需的具体工作，并为 OKR 相关的项目进展和任务进度提供度量。

—— 第十一章 ——

保持专注并追踪进度

11

我见过很多企业在 OKR 创建、规划和编写环节，投入了巨大的时间、精力和成本，但是，当 OKR 工作坊完成之后，当团队回归日常工作之时，OKR 却荒废了，没有发挥作用。这到底是怎么回事呢？为何会发生这种情况呢？

主要原因在于，企业没有伴随 OKR 确立同步建立起正确的流程，由于缺乏严谨的过程管理，导致执行随意散漫，偏离了 OKR 的初衷。在本章中，我将介绍 OKR 的进程管理，确保你和团队向前迈进。

关键成果的价值产出与给定时间的预期进度相关。这可以通过多种方法来测量，从 Excel 表统计到手工计算，或使用 OKR 软件提供从起点到目标值的"预期进度"的自动化视图。当用手工的方法进行进度更新（OKR 签到）时，OKR 负责人可以根据预期进度添加相应的状态更新，说明进度落后、超前或正常的原因。

OKR 战略目标的进展基于其关键成果和关键策略的进展，可以用百分比来表示。比如，从 0 到 100% 的百分比。还记得"必要且充分测试"吗？务必甄选子级的关键成果和关键策略，力求"正中靶心"，实现父级的战略目标。

OKR 评分和评估

在一个周期结束时，要对 OKR 进行整体的评分和评估，搞清楚这段时间以来的得失情况和成败原因，通过这个评分和复盘过程，为下一个周期更好地规划 OKR 提供支持（第三部分将详细介绍这方面的内容）。

在做 OKR 得分评估时，你需要输入所有关键成果的最终值，以及所有关键策略的进度值，无论形式是以百分比（如完成 80%）还是以指标值（如销售额 5 万美元）表示。不同类型的 OKR 也有不同的评分要求。承诺型 OKR 的评分比较简单，要求 100% 达成；愿景型 OKR 的评分相对复杂，对愿景型 OKR，我建议使用以下评分方法：

得 分	颜 色
≤ 0.4	红色
0.5~0.6	橙色
0.7~0.9	绿色
1.0	橙色

需要留意的一点是，0.7~0.9 分（完成 70%~90%）标示绿色，表示成功。对愿景型 OKR（不同于承诺型 OKR），0.7 意味着你已经成功甚至超越了。有意思的是，为什么 1.0 的"完美 100 分"却要标示橙色呢？原因是，愿景型 OKR 是建立在最大化的挑战、进取、拉伸基础上的，如果你每次都拿 100 分，那么橙色给你一个

提醒，让你自我反思拿到 100 分的原因，是不是对自己的要求还不够高？

一般来说，OKR 得分评估是基于上下文情境的，高分要质疑，低分要反思。就像你要质疑"为什么愿景型 OKR 一直拿 100 分"，同时你也要反思"为什么这 3 个 OKR 只达到 60 分的水平？下一个周期需要做什么才能达到 80 分？"

你应该在每个周期结束时为所有 OKR 进行评分和评估。如果你在周期内提前完成了某个 OKR，也可以先对其进行得分评估；我们建议对所有 OKR 进行一次整体评估和复盘，旨在促进团队凝心聚力，共同追溯过程，共同学习进化。

协同报告和异步沟通

将 OKR 融入企业文化，成为重要的组成部分，除了有正式的会议制度保障之外，还要让透明和协作无处不在。这样，团队才能始终保持专注。

Slack 公司的首席产品官塔玛尔·伊霍舒亚分享了有关产品联盟的看法，在谈到数字办公协同的集成平台的作用时，他说："每周，每个关键成果的负责人都会在 Slack 中收到通知。不用离开 Slack，他们也可以直接上传（通过 OKR 软件）有关成果的进展情况，这让我们周一例会的进度状态报告准确无误。"

组织要践行问责制、保持一致性和高透明度，不仅需要不懈的努力，还需要周到可靠的工具，以支持数据和洞见的共享。"洞见"在这里是一个关键词。这意味着你不只是分享一张 KPI 电子表格那么简单，而是要围绕着组织正在做的重点工作创建上下文背景信息，而且这是一种常规且持续的共享，确保组织上下的信息和目标对齐。

这种上下文沟通是异步和主动的，在本书第三部分中会有进一步的介绍。

为了实现异步信息共享，你需要创建一个仪表盘和一整套系统的方法来定期进行更新。

异步沟通和仪表盘

仪表盘有多种形式：你可以采用电子表格，手动填充多个来源的数据；也可以采用混合方法，包括若干技术栈中的工具；或者采用集成操作系统，不仅能将数据直接导入计算 OKR 得分，还能添加上下文信息和输入外部内容。

无论你如何管理这个仪表盘，一般都包含四个特定的部分：

- OKR 可视化视图
- OKR 进展、计划和问题
- KPI（关键绩效指标）
- 项目规划和任务管理

OKR 可视化视图

在这里，易读性是关键词，你需要一个简明清晰、易于解读的视图，能够完整呈现你的战略目标和关键成果，让你的工作进展情况一览无余。

得分	颜色
≤ 0.4	红色
0.5~0.6	橙色
0.7~0.9	绿色
1.0	橙色

我建议对可视化视图进行颜色编码。OKR软件会在后台自动完成这些，当然这也可以在微软文档中完成，只要花点手感和创造力就行了，归根结底，你的目的在于让答案清晰呈现，让数据容易查找。"超前"或"正常"的OKR用绿色标示，"落后"的OKR用橙色标示，"危险"的OKR用红色标示。

OKR 进展、计划和问题 [①]

本部分主要包括三方面内容：你的进展（你完成了什么？）、你的计划（你将要做什么？）和潜在问题（什么可能会对计划产生负面影响？）。

谨记：OKR关注的不仅是数据，还有上下文逻辑和本质洞察力，你的仪表盘应包含对这三个方面的周期性观察，以使你和管理者能够看到全局的状态变化。我建议每周都这样做，至少你自己要这样做。

---

① Progress（进展）、Plan（计划）、Problem（问题），也被称为"3P汇报法"。——译者注

还有一个大家常犯的错误是误解了"问题",错把"问题"当成了表达不满的工具。实际上,不是关注问题,而是关注解决方案。你要找出问题,找出对你有帮助的利益相关者,然后提出解决方案。你之所以提出问题,是为了解决问题,创造一个更高效的环境。确保把所有"卡脖子"的问题都暴露出来,这对每个人来说都是很有价值的练习。

KPI(关键绩效指标)

正如我之前所提到的,OKR 不会取代 KPI,它们之间互相补充。可以将 KPI 视为"颗粒度更细"的测量。当一个投资方——比如,来自其他部门的某一位领导——想深入了解某个特定的目标,了解更多有关业务进展的信息时,相关 KPI 可以用来作为价值证明。当论证某个特定关键成果的达成可能性时,KPI 还提供了证据支持和先行指标。

例如,产品开发团队设置了许多 KPI 用来跟踪特定产品发布方面的进展。虽然所有这些 KPI 指标对产品交付都很重要,但是对公司战略来说,真正重要的是产品实际的交付里程碑。这一里程碑将成为"产品发布"目标的关键成果。这是影响公司成功的关键所在,也是需要市场营销、销售及其他部门共同协作交付成果的大事件。

又如,销售和客户成功团队希望实现 98% 的客户满意度或 1% 的销售转化率这一特定成果。他们可能会将做 ×× 个 QBR 报告和 / 或客户调查作为 KPI 之一。某个关键成果可能涉及多个规划和执行的中间 KPI,最终实际完成的里程碑才能算作一个关键成果,这一成果将支持公司提升客户满意度方面的战略目标。

这些 KPI 应包含在此仪表盘中,提供上下文信息以支持 OKR。

项目规划和任务管理

OKR 将"你要做的事"和为推动公司发展"你要做成的事"联系起来。一个完整的仪表盘报告既要体现任务，也要体现成果，两者缺一不可。正如我在前文提到"颗粒度更细"的 KPI 一样，关键策略一开始就应该作为 OKR 框架的组成部分，在公司顶层进行规划。你可以在这里进行详细的项目规划和任务管理，作为对关键策略"颗粒度更细"的补充，为你的 OKR 补足上下文信息，说明它们实际上是如何被实现的。

这些项目计划都有明确的日程，并对齐每个关键策略。一个视图就能让你看到谁在做什么，完成了什么，以及哪些工作可能存在冲突，这不仅对规划很重要，对过程追踪也很重要。如果规划过程有效，那么由"哪些项目有风险"与"哪些目标有风险"可以看到明显的逻辑对应关系。

再次，软件可以在这里担当重任。当然，文档比如微软 Excel 也是可行的工具。无论采用何种工具，目的都在于提供充足的信息，呈现一幅完整的仪表盘"全景图"，而不会由于信息过载，掩盖了重要的内容。

如果以上四大部分齐备，你的 OKR 仪表盘将呈现如下内容：

进展	计划	问题
→ 在此期间我做了什么	→ 在接下来的周期我将重点关注什么	→ 我预计会在这些问题上遇到卡点
→ 在此期间我完成了什么	→ 在此期间我将完成哪些项目和任务	→ 解决这些问题涉及的利益相关者
→ 我想做但还没完成的事情	→ 我将如何弥合上周期未完成的工作	→ 这些是我提出的解决问题的方案

—— 第十二章 ——
反思总结和复盘闭环
12

在本章中，我们将讨论如何从 OKR 中反思、学习和进化，锻造成长型思维。这要从实践应用开始，比如在期末给 OKR 评分，其中最有价值的部分是反思和对话：你如何知道自己的工作是否卓有成效？这项工作产生了什么不同的影响吗？我们能从中学到什么？ OKR 复盘可以帮助你提升洞察力和责任感，并且随着进展的深入越来越有价值。

每个季度或年度周期的闭环时刻，也是暂停和反思的重要时刻：

- 我成功实现了哪些战略目标，我能做到的原因是什么？
- 我们（我的团队和我自己）碰到了什么棘手的问题吗？
- 我是不是雄心过头了？是否应进一步聚焦和集中精力？
- 我是不是隐藏实力了？是否应进一步拉伸和挑战自己？
- 这一周期中的哪些经验教训，可以应用到下一周期中？
- 下一周期应该开始做什么、停止做什么或继续做什么？
- 下一季度哪些 OKR 可以定位和定义得更加精确和有效？
- 可以采用哪些技术和工具让我们的流程和操作更顺畅？

- 可以创建哪些报告和仪表盘让我们的进度追踪更到位？
- 领导和员工需要哪些额外培训以持续提升他们的能力？

每当你完成一次 OKR 闭环，下一次的流程就会更顺畅。主要原因有两个：

第一个原因是，你变得更有经验了，通过整个季度或整年的探索，你能更精准把握自己的 OKR 了，所以过程中的意外变少，机会变多，你可以随时校准自己的行为和行动，确保关键策略和项目任务始终对准 OKR——任何时候，当变则变，最终达到 OKR 目的地。

第二个原因是，你内化了 OKR，建立了"旧 OKR 闭环，新 OKR 开启"节奏，让 OKR 成为你自然而然的习惯：每次按下暂停键进行反思时，你可以回顾整个过程，什么在按计划进行，什么偏离了方向，如何在个人和组织层面上吸取经验教训。这一过程，正是"进化"到成长型组织的必由之路。这时的你，不再是单纯地看待损失或失败，而是将其视为刻意学习的成长机制，并将其转化为有意识的具有针对性的行动——应用到下一阶段 OKR 中——越快越好！

如果你对 OKR 没有承诺，不把 OKR 作为组织全员的经营活动中心，而且不把反思和复盘作为 OKR 流程的核心，OKR 就不会成功落地。当然，这种转变不会在一夜之间发生，养成习惯和机制也要假以时日——你可以参考第二十三章推荐的分步进阶法逐步实施。当 OKR 内化成为组织的基因后，你不但能快速地从错误中学习，庆祝自己和团队的成长和成功，迭代的速度也会呈现指数级增长。

当下，反馈回路已经不是一个新概念。著名质量管理学家爱德华兹·戴明博士（Dr. Edwards Deming）在 20 世纪 50 年代时，创建了反馈循环的基础模型框架，现在被称为"戴明环"（The Deming Wheel）。它包含 PDCA 四个阶段：计划（Plan）、执行（Do）、检查（Check）和修正（Act）。[1]

计划
制定目标和行动计划，作为持续反馈的基础

执行
执行目标和行动计划，作为持续反馈的输入

检查
监控目标和行动情况，动态地进行校准调适

修正
修正目标和行动计划，系统地进行优化改进

PDCA持续反馈模型

OKR 结合 PDCA 持续反馈模型，创建了正向的有机循环系统，通过让公司、部门、团队和个人，参与 PDCA 过程的每个阶段，使 OKR 目标的设定、追踪、衡量和迭代，成为员工体验的核心组成部分。

在 OKR 的计划阶段，你确实在制订一个计划——也就是关键策略——它总是与战略目标和关键成果密不可分。

---

[1] 戴明环也称为 PDCA 循环或 PDCA 闭环，由美国质量管理专家沃特·阿曼德·休哈特（Walter A. Shewhart）在 20 世纪 30 年代提出，由威廉·爱德华兹·戴明（William Edwards Deming）和日本质量管理专家在 20 世纪 50 年代完善和推广，成为全面质量管理的思想基础和方法依据。PDCA 既是质量管理的基本方法，也是企业管理的一般规律，日常管理工作均可遵循 PDCA"计划、执行、检查、修正"循环不断进步。戴明博士在 20 世纪 90 年代把 PDCA 更新为 PDSA，即"计划、执行、学习、修正"，第三步检查（Check）改为学习（Study）。

戴明博士由此表明，既要重视短期的检查改进，更要重视长期的学习发展，以及对环境的敏捷响应和进化迭代。

在 OKR 的执行阶段，你虽然处于执行模式中，但在低头做事的时候，别忘了抬头看天，记得要始终对准 OKR。在实践中，可以采取的方法有：团队例会中的 OKR 快闪回顾、和员工的一对一面谈、OKR 软件定期更新签到，以及领导层定期带领的以 OKR 为核心的全员"市政厅会议"。总的来说，就是你要不断地对计划做出反馈并进行修正，千万不要"写完就忘了"，你自己也心知肚明，那肯定是行不通的。

在 OKR 的检查阶段，无论是一个季度还是一整年，你都要在相应的时间段内，对里程碑节点进行正式的检查。这"强迫"（有益的"强迫"！）你定期切入流程之中，检查阶段性的进展情况，并视需要适时做出调整。

最后，进入了 OKR 的修正阶段，在这个阶段，你要验收整个周期的最终成果，这时你要后退一步，从整体上审视它们，并根据最新的信息，对目标和行动计划进行修正，为继续前进做出可行的选择。

将 OKR 融入 PDCA 持续反馈回路，仿佛把金字塔中的所有元素置于显微镜之下：

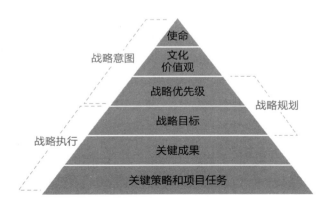

例如，我的营销活动没有取得预期成果，到底是因为我的目标定位不合理，太过好高骛远导致成果遥不可及，还是因为我的项目活动规划不合理，没能与公司的使命愿景和战略优先级对齐，因而没能与我们的受众产生共鸣？

此外，我还会问这些问题：关键成果的维度选择和衡量定义出了什么问题？关键策略能支撑实现关键成果吗？我使用的数据有问题吗？当我的团队和/或领导在确定战略目标和关键成果时，大家是否对 OKR 的类型达成了共识，这些是具有 70% 探索性的愿景型 OKR 还是 100% 必达的承诺型 OKR？

OKR 目标管理法与传统的目标管理方法不同。传统的目标管理基本是自上而下的单向拆解，拆到最后领导层和大多数员工都只见指标不见目标，只见树木不见森林。而 OKR 始终强调全局视角，强调自上而下和自下而上两端的互动结合，即使大家在低头搬砖时，也不忘这是在建造教堂。

在我看来，OKR 是 21 世纪的管理方式，它鼓励并要求组织中每一个人积极参与，它通过一个又一个周期的 PDCA 形成持续反馈闭环。

反馈规则

这里有三条基本的规则，帮助组织建立反馈回路：

1．建立节奏

这个过程不是孤立的。反馈和回顾应该是定期和连续的，每个周期都应该如此。确保反馈有书面记录或程序。《福布斯》的一项研究发现，65% 的员工渴望诚实的反馈，[①] 但实际上，只有不到 1/3 的人得到了真正的反馈。反馈，对每个人的职业发展都很重要，对团队建设和项目运作也很重要，对目标管理及其过程管理更是至关重要。

2．消除偏差

反馈应基于客观数据，而不是主观看法。如果你花时间来做反馈，却把它用来强化信念或偏见，那是白做了。相反，做反馈的目的，应该是来挑战惯有的信念和偏见。如果没有这个挑战，你会在一成不变的假设下惯性运行，那么，也没必要花时间来建立反馈回路了。

3．记录反馈

作为常规要求，记录进展和反馈情况。这是提升组织透明度的关键步骤，也将使未来的回顾和复盘更加有效。

---

① 维克多·利普曼，"65% 的员工希望获得更多反馈"，《福布斯》，2016 年 8 月 8 日。

——第十三章——
公司 OKR 示例
13

前面你已经学习了如何构建 OKR，现在你可以开始起草自己的 OKR，并将它级联到部门层级，实现整体对齐。

你也已经接近本书的第三部分，该部分的重点内容是创建正确的节奏和流程，使 OKR 推动公司的业务发展。

但在正式进入第三部分之前，我想先给你分享一些我们见过的 OKR 示例，相信这会对你很有帮助。在本章中，你可以看到各种不同的 OKR 示例，期望能启发你构建出自己的 OKR。让我们先从公司级 OKR 开始，然后移步到部门，看看不同部门关于 OKR 的思考点、价值点、挑战点及不同部门的 OKR 示例。

好的公司 OKR 长什么样？

当你构建公司级 OKR 时，最好围绕以下要素进行：

- 人员招聘和人才发展目标
- 营销引领和渠道贡献目标

- 市场主导目标，如品牌重塑、营销活动和设计
- 销售收入和市场拓展目标
- 产品领先目标，如发布新版本、升级功能或特性
- 客户服务目标，如支持请求的标准、处理时间和效率的提升

年度公司 OKR 示例

战略目标：成功打进拉丁美洲市场。

关键成果：

- 从竞争对手手中夺得 15% 的拉美市场份额。
- 2 月 10 日前雇用并培育 4 名双语销售主管。
- 推出西班牙语的 MVP 版本产品，其中具备前五大要求的功能。

关键策略：

- 开展针对拉丁美洲国家的关键人物的活动。

战略目标：在保持盈利能力的同时，实现创纪录的收入。

关键成果：

- 将新的企业级客户的销售额从 3100 万美元增加到 5000 万美元。
- 将现有客户的附加服务收入从 1200 万美元扩大到 2200 万美元。
- 保持 10%~11% 的利润率。

关键策略：

- 审计软件支出。
- 公开发布新产品线。

战略目标：9 月举办一场盛大的"千人直播"活动，拓展商机。

关键成果：

- 到第二季度末，直播活动注册人数达到 1000 人。
- 设置 100 个现场演示会议。
- 截至年底，该活动带来 2500 万美元的收入增长。

关键策略：

- 在主题演讲中推出新产品。
- 与重点客户举行私人晚宴。

季度公司 OKR 示例

战略目标： 成为"必须有"的产品。

关键成果：

- 用户人数从 2000 名增长到 5000 名。
- 获得 4500 名忠诚的用户。
- 在用户群中实现 90% 的 MAU。

关键策略：

- 建立客户委员会，告知新产品决策。

战略目标： ARR（年度经常性收入指标）突破 1 亿美元。

关键成果：

- 新的预订量收入增加 2500 万美元。
- 推动 2500 万美元的扩展预订。
- 保留 95% 的客户 Q/Q（季率）。

关键策略：

- 在关键垂直领域开展 ABM（异步平衡方式）活动。

- 启动库存产品追加销售计划。

战略目标：人才发展引领公司业绩倍增。

关键成果：

- 将适岗员工从 250 人增加到 500 人。
- 保留 100% 的员工 Q/Q。

关键策略：

- 开展集体团建活动。

——第十四章——
部门OKR示例
14

组织中的每个部门都扮演着特定的角色。通过部门间的工作对齐和跨团队协作，共同实现组织最重要的目标。但实际的情况是，各个部门往往是在孤立的简仓中工作，由于缺乏协同，导致混乱无序，最终阻碍了组织的成功。

如果团队之间缺乏一致性和清晰度，将无法有效地贡献于企业的最高目标，也无法创造出自己定义的成功，而且对成功的定义也是互相矛盾，大相径庭。OKR 正是解决这些问题的法宝。OKR 帮助整个组织实现对齐一致，特别是当你使用本书介绍的"广义对齐"方式让各部门群策群力时，部门之间的差异不再是一个需要应对的挑战，而是一种可以驾驭的力量。

在本章中，你会了解不同部门特定的微妙差异，以及 OKR 针对不同职能产生的特殊作用。同时，我也会通过案例详细介绍这些部门和领导，以及他们参与组织的 OKR 实践时面临的一些挑战。

如果你正好是一名部门或团队负责人，那么我希望你在本节结束时，在开启下一阶段的 OKR 旅程之前，你和团队已经为满足特定的角色要求，做好了"全副武装"的准备。

战略和运营部门 / 团队的 OKR

通常，负责统筹公司 OKR 项目的是战略和运营部门。这些团队及其领导者掌握着公司的业务节奏、流程、系统以及战略方向，他们通过 OKR 引导其他团队汇入主流，并确保信息和任务不会因为部门墙和工具的原因形成孤岛。

OKR 对战略和运营部门 / 团队的价值和作用

对战略和运营团队来说，OKR 项目的目标和公司的战略目标是吻合的，也是该部门的本职工作所在。此外，战略和运营团队的领导人，还能从 OKR 管理系统中，发现更多实用的价值。

（1）**跨部门协同，提供及时解决方案**：战略和运营团队通常需要召集跨团队协作，制订并执行能够满足核心业务要求的计划。OKR 通过建立有时限的目标、可衡量里程碑以及各种计划指标，建立起跨多个职能协同的工作结构，为参与者提供清晰和一致的方向。

（2）**标准化流程**：你会从首席运营官（COO）或其他业务负责人那里听到的最大抱怨是流程和工具没有标准化。比如产品团队使用 Agile Sprints 和 DevOps 或 Jira 软件。销售使用季度配额和 Microsoft Dynamics 或 Salesforce 软件。营销计划则以半年为周期，使用各式各样的管理软件，多到记不住。这么多流程和工具混杂，确实让人望而却步。但 OKR 是标准化的，不会试图为每一项工作和每一点信息创建一个单独的系统。OKR 围绕着企业发展最需要推动的、最重要的成果组织工作，并突出业务发展所需的最重要信息。

常见问题和解决方案

因为战略和运营部门的重点在于协调跨部门的工作，所以他们面临着其他部门所没有的独特挑战。在本节中，我列举了一些常见的挑战，以及应对这些挑战的方法。

挑战：协调不同的团队进行跨职能协作，推动对公司发展至关重要的业务成果，是一项非常艰巨的任务。要把不同的流程、观点和工作方式，整合成为一套共同的方法论确实不易，但是建立一个共同的理解还是可行的。

应对：由于运营团队将所有部门联结在一起，运营人员经常要在不同部门之间奔忙，推动大家共同完成工作。拥有 OKR 有助于运营团队明确工作重点，帮助他们将明确性传递给不同的部门，使各部门与公司的目标保持一致，基于共同的理解，促进跨职能协作。

挑战：必须手动创建和分发 OKR 材料，推动各部门的整个 OKR 流程，这既烦琐又耗时，给团队带来了大量瓶颈和额外的工作。

应对：OKR 软件可以全面应对这方面的挑战，包括 OKR 的创建、分发、更新和提醒。如果这些额外的工作阻碍了团队的透明和协作，那么，我强烈建议你使用 OKR 软件。

挑战：运营团队经常要为其他团队提供 OKR 进展报告和仪表盘，其他团队也要向运营团队汇报新的洞察和关键策略计划。但计划往往跟不上变化，这些信息很快就过时了，经常需要多次返工更新。

应对：把流程自动化。我曾经合作过的一位投资者说过这样一句话："如果这是重复性工作，那就建立系统来代劳。"通过OKR软件系统来联通数据，提醒团队定期签到更新进度，尽可能地将整个过程自动化。

经验之谈：战略和运营部门／团队如何用好OKR

战略和运营方面的专业人员，如何做好公司的"黏合剂"？我请教了一位资深的运营领导者，让他来分享经验。

经营管理部门：轴心团队

分享人：战略和运营负责人 阿图尔·萨海（Atul Sahai）

经营管理部门是支撑企业良好运作的"轴心团队"。该团队将不同职能和部门"黏合"在一起，并帮助各部门厘清工作的价值：部门／团队所做的工作，对公司有影响／意义吗？我通过这篇博客文章，深入探讨阿图尔·萨海带领的经营管理团队面临的挑战，以及他们如何通过OKR成功设定目标并解决问题。

经营管理的主要挑战

最初我认为，经营管理团队面临的两个最大挑战是：如何为公司创建恰当的文化环境以及适配的管理结构。

但是随着公司的不断成长和快速发展，挑战就变成了如何有效地联结组织以支撑高效运转？你如何确保每个团队和每个人的目标对齐一致？这正是 OKR 的用武之地，但这与命令和控制无关。有了 OKR，你相当于为整个组织打造了信息通畅的环境，构建了上下文的逻辑，在理想的情况下，员工被赋权，能基于信息自主决策并快速行动。

共享背景信息，打通上下文逻辑，是 OKR 成功的关键。很多时候，公司里每一个人看似说着相同的话，但是同一句话，不同的团队和个人可能会有不同的解读。设置正确的背景和恰当的逻辑，并确保每个人都理解和掌握它，对企业来说，既是挑战，也是机遇——可谓是一个硬币的两面。

设计恰当的 OKR 结构

谈到结构，对一家快速发展的公司来说尤其具有挑战性，我们也尝试着在混乱中植入一些秩序。

然而，组织化程度是另一个问题。如果你的业务处于非常稳定的状态，并且有非常固定的节奏，那么结构化是有意义的。但我们公司的情况是，员工数量每个季度增长 25% 至 30%。你既要用某些结构来规范员工，也要在强力的结构和混乱的美感之间，保留一定的张力。如果公司过度强调结构，就会抑制增长和创造力。

根基不牢，大干快上

如果你还没有透彻地理解 OKR 的运作原则、概念和节奏，在根基不牢的情况下，铺开规模大干快上，基本是行不通的。典型的例子是，用非常官僚的自上而下的方式实施 OKR 肯定会失败。

我就曾这么干过：自己拍脑袋编了一个 OKR，然后立马把它"推广"给每个员工。谢天谢地，还好及时纠正了这种错误的做法，没有把 OKR 做歪。你要先从经营管理的核心出发，把它做稳做扎实后，再逐步推广给员工。

经营管理要与时俱进

如果你认为，公司收入 1 亿美元时的管理方式，和公司只有 20 个员工和收入 100 万美元时的管理方式一样，那真是灾难的根源。

经营管理团队必须与时俱进。在我过往的职业生涯中，我曾工作过的一家快速成长的公司，在两三年时间里，就用了三种不同的目标管理方法来经营公司。你的公司在不断成长，但管理很难一步到位，尤其在公司的初创期。但如果这时你要推动一些非常形式的流程化运动，那么最后你很有可能是把时间花在形式上，而不是建立流程上。这对初创公司来说不是好事。当然，随着公司不断地发展壮大，公司需要逐步建立起更多体系化的结构以进行管理。

划重点：经营管理领导人的管理风格

经营管理领导人需要具备的最重要的素质是协调能力。这里的协调，并不单指通过协商一致做出决定，尽管这是你的本职工作之一。这里的协调包含了协作、协同——是名副其实的跨部门"黏合剂"。OKR 为经营管理部门提供了有力的抓手，因为它促进了团队沟通，让协作的机会无处不在。

"要么照做，要么走人"这种霸总式的领导风格现在很难奏效。不管是你想做什么，或是你想让别人做什么，可能没人会买你的账。

在试验和迭代的过程中，领导者具有弹性、灵活性和成长型思维很重要，要无惧失败、持续学习和不断迭代。经营管理领导人同时还应该具备分析能力、结构化的思维、系统化的方法论、灵活和协调能力等关键的无形资产。

为何经营管理部门应该使用 OKR 进行目标管理?

因为经营管理部门有着独特的位置和优势,他们可以看到公司全盘的运营情况和整体的业务布局,了解人力资源和投资的去向,以及相关的投入和产出。

经营管理部门特别适合使用 OKR 目标管理法,因为 OKR 有结构化的流程和管理框架,同时结合兼顾自上而下和自下而上。这是 OKR 与经营管理最契合的地方,能帮助组织掌握混沌并建立秩序。

协调大量的沟通和对齐事务,最大化地提升组织的透明度,是经营管理部门的职责所在。注重跨团队协同的管理方式,也是企业在过去 10~20 年间发生的重大演变。以前,企业内部存在着大量的筒仓——部门墙现象:产品部门只管制造产品,市场营销只管推销产品……然而,时代变了,特别是在 SaaS 软件开发领域,产品、营销和销售之间,早已不再泾渭分明了。因此,你需要打破筒仓,推倒部门墙,促进整个组织的透明和协同,这正是 OKR 的用武之地,也是我认为 OKR 能够助力企业实现跨部门协作的原因。

OKR 也有助于"调理"业务节奏。我们是如何管理进度的?我们是否朝着目标前进,并不断从过程中学习?

首次开启 OKR 的"正确姿势"

如果这是你第一次使用 OKR,在你搞清楚原因和用法前,不用着急推广给每一个人。

根据我过往辅导团队使用 OKR 的经验,有些团队很快就迫不及待地把 OKR 和绩效考核挂钩，这可不是一个正确的姿势。我并不是想做"老大哥"来说教，但 OKR 这套目标管理方法是有点不一样的。

首次学习一种新方法，人人都想快速上手，快点从小白到达标。但在此之前，要确保员工已经做好了准备，大家都明白了使用 OKR 的原因。要向团队说明我们想要解决什么问题，以及 OKR 能够帮助我们解决什么问题。

OKR 带来的"好东西"还有：让每个人都开始拥有结构化的思维，能够站在系统的角度来看待公司的业务，能够互相看见彼此的工作，彰显出各自的价值和作用。

如果你之前从来没有做过 OKR，或者只想尝试一下，不要马上大做文章。可以先从一个小范围的试点开始，无论是从公司领导层开始还是从事业部或部门层开始，总之，要确保在"做大"之前先"做好"。

最后，确保围绕流程建立节奏。OKR 不是"写完就忘了"，要避免虎头蛇尾。在 OKR 落地过程中，一定要有纪律性和节奏感，把每一次签到管理做实，而不是意思一下的练习。要清晰地展现 OKR 对组织发展的价值。

OKR 的"目标"是达不到目标！OKR 通过不能完全达到的目标发现问题并改善经营：如何改进业务的运营？如何适当地调整投资？等等。OKR 的精髓，不在于达成，而在于超越。因此，不要拘泥于机械的"达标"。

当然，你要"修炼"一段时间，才能练就这种"境界"。你也理应明白：OKR 是手段而不是目的。你的目标，不是为了把 OKR 做得更好，而是借助 OKR 把公司经营得更好。

> **如何让 OKR 项目"成功着陆"**
>
> 我们有时会听到员工说，他们没有自己的关键成果，只承担某个推动目标实现的任务。
>
> 这是完全没问题的，不必每个人都有 OKR，只需确定每个人的发力点，并保持灵活性。
>
> 如果 OKR 项目让员工觉得是额外的负担，那么它很可能会失败。这也是要选用适当的 OKR 工具的原因。一个好的 OKR 软件有强大的集成功能，能减轻员工切换系统的负担。如果员工嫌麻烦，那么就难免失败。
>
> 最后提醒，OKR 不是万能的灵丹妙药，它不能解决企业的所有问题，你不要抱有不切实际的幻想。
>
> 重要的是，搞清楚你想解决的是什么问题，OKR 可以在哪里帮助你。不能指望引入一个系统就能点石成金，所有问题迎刃而解。你引入的文化和工具，及其相关的流程，需要有机地结合，才能发挥"统合综效"的效应。
>
> 有时工具驱动文化，有时文化决定工具。无论是何种情况，关键是各种元素在系统中融合自洽。

战略和运营部门 / 团队 OKR 示例

接下来，我将分享一些战略和运营团队的 OKR 示例。同时谨记，这些示例旨在激发你和团队的创造性思维，千万不要以为这是 OKR 的标准答案，复制粘贴，照抄照搬。不同公司有不同情况，自己的特别之处，只有自己才知道。

首席运营官的 OKR 示例

首席运营官（COO）的 OKR，负责的是公司的经营战略和整体目标。COO 通过正确地设定公司战略和 OKR 目标，为各个部门和团队设置了"背景舞台"。

COO 如何建立优质的 OKR？

COO 的 OKR 可围绕以下主题构建：

- 旨在打造增长飞轮的人才聘用战略。
- 进入新领域和新区域的整体业务拓展战略。
- 全面收入增长和特定区域的收入增长计划。
- 与产品相关的目标，如销售的激励。
- 与用户相关的目标，如新用户获取。

COO 的 OKR 示例（业务拓展）

- **战略目标**：在全国开拓业务，创造更大的营收。
- **关键成果**：
  - ➤ 在销售、营销和客户成功方面雇用 25 名新员工。
  - ➤ 针对我们的 ICP 客户发起 7 项地域营销活动。
  - ➤ 在东南地区以外实现 1000 万美元的销售额。
  - ➤ 在西部和中部地区新增 200 名中端市场客户。
- **关键策略**：
  - ➤ 发起雇主品牌活动。

- **战略目标**：在全球拓展业务，并在重点地区创造更多收入。
- **关键成果**：
  - ➤ 雇用 10 名新的销售开发代表（SDR），以渗透欧洲、中东和非洲（EMEA）市场。

> ➢ 本季度通过渠道实现 670 万美元的销售。

> ➢ 在英国和 EMEA 市场获得 25 个新客户。

- **关键策略**：

> ➢ 针对我们的 ICP 发起地理定位营销活动。

> ➢ 对新的目标地理信息进行全面分析。

COO 的 OKR 示例（产品扩张）

- **战略目标**：提升产品的覆盖率。
- **关键成果**：

> ➢ 甄选并维护 150+ 家优质的渠道经销商。

> ➢ 将我们的免费增值用户群从 0 增长到 100 万活跃用户。

> ➢ 获得 200 万活跃的新付费用户。

> ➢ 将产品使用的平均时间从 5 分钟增加到 10 分钟。

- **关键策略**：

> ➢ 启动便捷的自助服务。

COO 的 OKR 示例（多元文化和人才招聘）

- **战略目标**：提升公司文化的多元性。
- **关键成果**：

> ➢ 将领导职位的性别多样性提高到 40%。

> ➢ 100% 消除岗位职责描述中的性别歧视。

> ➢ 100% 确保不同种族的代表都可参与到招聘流程中。

- **关键策略**：

> ➢ 在不同的文化背景下举办招聘会。

办公室主任的 OKR 示例

办公室主任是首席执行官的参谋长，这注定是一个跨职能的角色，不仅要与首席执行官沟通和制定战略，还要机动灵活，以协调各个部门对齐公司的战略目标。

办公室主任如何建立优质的 OKR？

办公室主任的 OKR 可围绕以下主题构建：

- 公司整体的工作协调
- 招聘计划和增长措施
- 预算规划
- 公司范围的战略目标（OKR）和考核指标（KPI）

办公室主任的 OKR 示例（目标管理）

- **战略目标**：在本季度把 OKR 的节奏跑起来，提升组织的一致性。
- **关键成果**：
  ➤ 全员导入 OKR 培训，确保员工 100% 了解 OKR 的作用、节奏、期望和流程。
  ➤ 确保 100% 的部门创建并最终确立 OKR。
  ➤ 确保 100% 的员工每周都签到检查 OKR。
  ➤ 季度末 100% 的 OKR 都完成评分和复盘。
- **关键策略**：
  ➤ 重新定义公司的核心业务节奏。

> ➤ 建立 DEI[①] 企业文化委员会。

办公室主任的 OKR 示例（经营效率）

- **战略目标**：通过有效的管理方法，实现最大化的生产力。
- **关键成果**：
  - ➤ 提前 15 分钟完成所有预定会议。
  - ➤ 在季度末实现 5 种手工业务做法的自动化。
  - ➤ 将承诺型目标的达成率从 68% 提高到 90%。
- **关键策略**：
  - ➤ 在整个公司建立新的会议节奏。

运营负责人的 OKR 示例

- **战略目标**：降低季度环比现金消耗，保持公司的财务稳定。
- **关键成果**：
  - ➤ 通过整合内部办公系统，将每月支出从 1.2 万美元降至 8000 美元。
  - ➤ 将居家办公的全职员工数量从 20% 增加到 50%。
  - ➤ 每月现金消耗从 150 万美元减少到 120 万美元。
- **关键策略**：
  - ➤ 检查内部 SaaS 订阅情况。
  - ➤ 与各部门负责人会面，评估招聘计划的必要性。

---

① DEI：Diversity（多元）、Equity（公平）、Inclusion（共融）。指组织创建具有多样性、公平性和包容性的文化环境，无关个体的年龄、种族、性别、国籍、身体条件等方面的差异，每个人都受到友好的对待，并公平地获得发展的资源。

- **战略目标**：提升战略洞察力，加速业务发展。
- **关键成果**：
  - ➤ 在我们的第一版业务数据平台上获取 500 个活跃用户。
  - ➤ 整合资源，将关键业务分析的来源从 5 个精简到 2 个。
  - ➤ 将顾问委员会季度报告的创建时间从 5 天缩短到 2 天。
- **关键策略**：
  - ➤ 建立部门需求评估流程。

- **战略目标**：高效地提升公司运营效率，更好地为客户和员工服务。
- **关键成果**：
  - ➤ 200% 提升供应链能力，同时保持卓越运营。
  - ➤ 通过提升生产效率，实现 16% 的利润率。
  - ➤ 将运营部门人效提升 10%。
- **关键策略**：
  - ➤ 实施新的生产流程，消除不必要的步骤。

产品部门 / 团队的 OKR

产品团队和产品负责人通过听取客户反馈，并与工程或生产制造团队一起，不断创新和改进每一项产品性能，以打造最佳的客户体验。

OKR 的管理框架对产品团队规划和阐明产品方向至关重要。通过 OKR，产品团队始终专注于更大的业务目标，并清晰地和公司的战略目标建立联结。

OKR 对产品部门 / 团队的价值和作用

OKR 最先是在英特尔等科技企业诞生和发展起来的，毫无疑问 OKR 给产品团队带来的价值是多方面的，这些相信你已经耳熟能详了。OKR 本质上是全公司通用的战略语言，这在任何一个快速发展和不断变化的行业中，都是必不可少的"生存技能"，在这些行业中，企业必须快速开发新产品并迭代现有产品，才能在竞争中站稳脚跟。在本节，你会看到 OKR 在这方面的重大价值，这是我们与数千家企业合作后提炼出来的。当然，做才能得到，相信当你创建自己的 OKR 时，你会发现更多这方面的好处。

1．聚焦的产品方向

通过 OKR 框架，产品团队可以根据预期的关键成果，以终为始地进行产品规划，并始终将公司的战略目标作为产品规划的"靶心"。如果没有共同的组织框架，产品路线图可能会变成一系列不相干的计划，用来满足无重点的需求，这些需求可能来自客户的请求，可能来自情绪和体验的反应，还可能来自感觉和想法的驱动。OKR 为产品团队提供了一个深思熟虑的框架，创建了一条贯穿整个产品路线图的主干线，并关注到某些在没有 OKR 框架的情况下，可能会被忽略的研究和验证需求点。

2．清晰的进度沟通

通过 OKR 框架，产品负责人能够清晰地阐明，在任何给定时间点内，产品预期产生的成果、价值和影响。通过制定正确的产品策略和衡量标准，可以使产品的开发、交付里程碑、项目任务协调和正在进行的工作，都清晰地与产品的战略目标对齐，从而将上一级的工作概要，分解为下一级的工作细节。

3．对齐公司目标，力出一孔

如果将产品目标与营收目标或客户保留目标直接挂钩，可能会让人望而却步。因为要实现公司层面的战略目标，还要协调很多其他的因素。但对齐和协同正是OKR的魔力所在。这些营收和客户保留目标，特别是旨在拉伸团队能力的愿景型目标，需要团队齐心协力，协调一致共同努力。然而，如果没有以产品为中心，这些努力可能都会白费。

4．提前识别风险和障碍

如果你曾经规划过产品路线图，那么你应该遇见过这些糟心的情况：由于不可预见的问题、各种延迟以及客户或销售团队的紧急要求，而不得不一而再、再而三地调整产品路线图。这些问题可能会一直存在。而当你将OKR用作日常业务节奏的一部分，并经常进行检查时，它将帮助你预防和规避这些风险和障碍。比如，当销售团队在新的与收入相关的OKR目标上落后时，你可能需要发挥产品创意来帮助其达成交易。相反，如果因为某个缺陷导致产品延迟发布，你也能很快地发现问题，并与同事们一起进行评估这会不会"连累到"其他业务领域的OKR进展。

5．呈现依赖关系，促进跨团队协作

产品部门位于组织交互的中心点，与每个部门都有密切的合作关系。OKR框架和全公司创建OKR的过程，能提升你发现和解决跨团队依赖关系所需的洞察力。比如，什么销售目标的达成取决于产品的交付？根据产品路线图的规划，哪些市场营销方案或客户成功计划需要调整？这些问题，都能通过公司范围的OKR对齐及其迭代的过程来回答。

常见问题和解决方案

和其他任何事情一样，变化肯定会带来挑战。产品部门和团队在实施 OKR 时，可能会遇到以下特定的挑战。

挑战：许多产品团队面临着无法实时可视化共享项目状态的问题，而这些状态的共享对产品团队来说关系重大。这不仅会影响到产品团队致力于的 OKR 进展的可见度，也会影响到与产品团队协同 OKR 的其他利益相关者团队，他们和产品团队一样，需要同步看到 OKR 进度。

应对：我发现，当产品团队的负责人将 OKR 作为日常管理节奏的一部分，要求团队成员定期签到，并将 OKR 作为团队例会的重点时，产品团队的 OKR 会取得更大的成功。因为这有助于产品团队将关注点放在总体的成果上，而不是放在每一个冲刺中的单个任务或行动卡片上。使用统一的系统来跟踪管理你们的 OKR 和相关的工作流进度，让产品团队目标的进度和日常工作的进度，实现理想的、自动的实时共享，由此实现与其他团队的无缝对接。

挑战：当产品团队已经习惯了低头拉车，忙于应付各种冲刺任务和交付日程时，要让他们不忘抬头看天，创造可衡量价值的关键成果，这可能相当不容易。特别是当核心指标用二元的"未完成"或"完成"方式来衡量时，你很难有效地跟踪进展和评估进度。

应对：只要将产品团队正在进行的工作计划，转化并对齐到 OKR 的关键策略中，你就可以通过工作计划的进度来衡量关键成果的进度。你可利用该工作计划反馈表中的关键里程碑，来追踪自己是否正在实现目标的正轨上。

经验之谈：产品部门/团队如何用好OKR

我在第十章曾探讨了OKR和Agile如何协同增效。对许多依赖敏捷开发原则的产品团队来说，这是一个很重要的方法论。为了加强大家对这方面的了解，我邀请了一位共事多年的产品负责人来分享他的经验。

将"做什么"与"为什么"合为一体

分享人：产品管理负责人巴拉吉

我们经常被问："工程团队认为他们已经使用了Azure DevOps或Jira的敏捷开发架构，还要使用OKR框架是多此一举的做法。这时，我们该怎么办？"

我的回答是：虽然这些敏捷开发工具提供了任务规划和项目管理的方法，但OKR目标管理法的特别之处在于将"做什么"与"为什么"联结起来，确保我们日常的各种项目任务工作，始终对准公司最重要的战略目标。

根据我领导的团队的经验，我认为OKR之旅要经历三个阶段：

第一阶段：我们主要使用DevOps作为冲刺和任务列表的规划工具。但这里没有联结到我们正在做的工作背后的"为什么"和工作相关的意义。所以我问自己，如何让工作本身来激励团队？答案是，很大程度上有赖于将日常工作与组织宏大的愿景和目标联结起来。因此，我们制定了"以高质量完成X"或"以高可预测性完成X"等目标，并致力于在工作中不断创新。这对我们团队非常有效，然而美中不足的是，我们产品部门的工作，仍然与公司其他部门缺乏协同。

第二阶段：我们在下一级的团队层面制定了关键策略，让每个人都能对与任务相关的指标作出贡献。这时，尽管我们有了更高层级的部门 OKR，同时与团队层级的任务联系了起来，给我们的团队带来了更大的一致性，但是仍然没能全面地将各个层级的工作和部门的目标完全对齐，中间还是缺失了一环。

第三阶段：第三阶段是我们现在所处的阶段，至此我们才发现了 OKR 最大的价值。我们已经优化了团队的 OKR，因为关键成果通常是滞后指标，所以只有在周期结束时，才知道它是否完成了。为了解决这个滞后性的问题，这一次，我们同时定义了互相配对的先行指标，以确保我们能及时衡量正在做的工作，是否真的帮助我们接近并实现目标。这也是为什么我们团队每周都会更新项目的进展和 OKR 的状态，回顾我们上一周已经完成的工作和下一周的计划，这让我们的日常工作都能成为有效的输入，持续逼近阶段的指标，最终实现终极目标。

这也为每个团队成员创造了机会，让他们的工作更加有价值和意义，他们不仅与团队的使命联结起来，而且与公司宏大的使命联结起来。我们已经养成了自问的习惯：我们在每一次的敏捷冲刺中，都做着正确的任务吗？如果你只埋头于 DevOps 或 Jira 之中，你将无法获得更大的视野，从而无法获得更大的发展。

通过将团队的日常工作与公司的战略目标联结起来，将"做什么"与"为什么"合为一体，让我们在构建产品功能、团队协作以及在项目执行时专注于成果等方面，都得到了极大的提升。我们已经建立了这样的节奏和习惯：每周检查 OKR 的进展，定期审视工作与目标的关系。让"OKR 飞轮"转起来吧！让它切实地改善我们团队的运转方式。

产品部门 / 团队的 OKR 示例

产品负责人的 OKR 示例

- **战略目标**：打造"你值得拥有"的产品，以取悦客户并扩大用户群。

- **关键成果**：

  > 将 NPS 得分从 40 分提高到 50 分。

  > 将 DAU 从 1200 增加到 1500。

  > 推进 1000 次下载。

- **关键策略**：

  > 向客户群和市场推出移动应用程序。

- **战略目标**：发布 2.0 版本的产品，以修复缺陷、改进用户界面并推动用户参与。

- **关键成果**：

  > 将支持请求的数量从每月 120 单减少到每月 30 单。

  > 将结账流程的步骤从 9 步减少到 6 步。

  > 将用户每次在线会话的时间从 2 小时 37 分提升到 3 小时 45 分。

- **关键策略**：

  > 发布应用内指南功能。

产品经理的 OKR 示例

- **战略目标**：提高 NPS 评分，以留住优质客户并吸引新客户。

- **关键成果**：

  > 将 NPS 从 84 分提升到 91 分。

> ➤ 实现 98% 的客户续订率。

> ➤ 通过新产品功能吸引 1000 名新客户。

● **关键策略：**

> ➤ 跟进每项低于 84 分的 NPS 调查，以发掘增长机会。

人力资源部门 / 团队的 OKR

人力资源团队（HR）是 OKR 项目实施和推广的重要参与者，他们带有独特的视角观察 OKR 成功的要素。虽然 HR 团队不直接负责业务营收或产品开发，但是每个员工、每个团队以及整个企业的成功，都与 HR 团队密切相关。

OKR 对人力资源部门 / 团队的价值和作用

虽然 HR 团队通常负责绩效管理和员工敬业度，而 OKR 一般是在业务部门或经营领导层推出。但是这并不意味着 HR 团队要被排除在 OKR 圈层之外。实际上，人力资源团队是 OKR 项目的重要利益相关者，也是获得员工认同、开发正确的流程和维持系统平衡的关键所在。以下是人力资源团队应用 OKR 的一些常见好处：

（1）**提升敬业度**：OKR 鼓励自下而上的员工参与，由此创造了敬业的组织文化。敬业度是许多 HR 团队的关键衡量指标。当员工不拘泥在某个特定的角色中，有机会参与更广泛的组织对话时，他们会感觉到与公司和同事的联结更紧密，这有助于提高员工的留存率和生产力。

（2）**变革管理**：当下，很多企业正在经历频密的变革时期。

市场变化、组织调整、管理人员更替和新产品开发等，哪怕只是个中因素，但已经足够影响企业的经营方式，并迫使员工重新思考自己的贡献。OKR 增加了组织清晰度，这在任何变革时期，都是一个关键的抓手。

（3）**明确重点**：虽然 HR 团队不负责每个员工的具体工作，也不负责管理员工的时间和精力的分布情况，但是每当员工对自己的工作感到沮丧时，往往会向 HR 团队寻求顾问的建议和帮助。OKR 是帮助员工管理注意力的利器，让员工把注意力集中在最有价值和最重要的工作上；OKR 也有助于 HR 团队了解员工的工作内容，以便他们为员工提供更清晰的指导和支持。

（4）**入职培训**：OKR 为 HR 团队提供了一个简易的入职培训框架。新员工可以通过 OKR 快速地了解公司的战略重点和志向追求，然后他们可以在接下来开展工作时深入地探索，看看每个部门和团队如何为公司的战略重点作出贡献。OKR 描绘了一幅清晰的组织蓝图，为新员工与其他同事的沟通提供了背景信息。

（5）**职业发展**：OKR 不与考核直接挂钩，这对许多 HR 主管来说可能有点不习惯，需要建立新的认知，并平衡旧的做法。但正如我之前提到的，OKR 可以作为绩效对话时的数据来源，因为它们关注成果、价值和影响力，可以为员工在与薪酬直接挂钩的 KPI 之外所产生的影响添加上下文背景信息。人力资源部门的绩效管理工作，不应只关注员工短期的旨在"过杠"的绩效考核，更应该关注员工长期的成长和对工作的满意度。

常见问题和解决方案

毫无疑问，变化会带来挑战。人力资源部门在实施 OKR 时，可能会遇到如下特定的挑战。

挑战：让一线员工和某些特定区域、特殊岗位的员工同步参与 OKR 可能有些困难，无论是沟通公司的战略目标、衡量他们工作的贡献以及跟踪工作的进展都不容易，当然这并不是说和这些员工建立联系的重要性降低。

应对：领导者可以在实地考察和员工对话时加入 OKR，帮助员工明确公司的战略目标是什么，他们的日常工作如何推动这些目标的实现。特别是在当下的智能手机时代，即使员工不是每天在办公室里办公，依然可以通过 OKR 软件等工具与团队成员保持联系。推广使用移动版 OKR 应用程序，让员工理解公司的总体目标，并始终与之保持联系和对齐。这将大大提高员工对自身贡献的责任感和兴奋度，并帮助他们与同事保持联系，增强同事之间的协作性和透明度。

挑战：经过混合远程办公模式的重大变革后，新员工入职程序很少能在办公室现场进行。没有人陪同新员工了解公司的实体环境和资源状况，新员工也无法与同事进行面对面接触，因此难以了解人们对他们的工作期望。

应对：可以让新员工访问过去和当前的 OKR，并请他们总结分享所学和所思所想。这将有助于新员工了解公司的战略目标重点以及实现这些目标的行动规划。还有另一个我认为行之有效的策略是，将年度、半年和季度 OKR 纳入公司的行动手册，为新员工提供他们所需的方向指引。

挑战：打造组织文化不是 HR 一个部门的事情，虽然这经常要由 HR 部门来牵头和领导。现在打造卓越的组织文化比以往任何时候都更具挑战。线上线下结合的混合远程办公模式，已经让许多办公室传统和仪式消亡，在许多情况下，员工感觉与每个人都脱节了，甚至包括他们的直属领导。

应对：你可以建立以员工敬业度和职业发展为核心的 OKR，虽然这不能完全让你重拾传统办公文化，但这种"将心注入"的组织文化，还是会对员工体验产生积极的影响。我还建议你在公司的业务节奏和管理仪式中加入"持续绩效管理"。和员工的年度绩效面谈是一次非常重要的总结性对话，但是这些对话中的大部分内容，应该持续发生并始终贯穿于全年和员工的每次一对一对话中。

挑战：如果 HR 搞不清楚 OKR 目标管理和 HR 绩效管理之间的关系，没有给员工提供正确的 OKR 方法和工具培训，并在目标管理和绩效管理这两个体系上建立恰当的平衡，那么 OKR 落地过程将不可避免遭遇各种困惑和认知问题。

应对：抑制将 OKR 目标管理和绩效考核直接挂钩的冲动，转而将 OKR 作为与员工进行开放式对话的抓手，帮助员工进行学习反思，由此不断提升绩效表现。想要激发员工的士气，既要奖励员工的工作成果，也要认可员工的努力过程。更重要的是，这可以培养成长型心态和思维，无论是对员工个人还是对公司整体的可持续发展都大有裨益。

经验之谈：人力资源部门 / 团队如何用好 OKR

在当下的职场气候中，员工的职业倦怠问题，是让许多人力资源团队"头大"的问题，也是一个影响生产力、员工保留率和预测能力的主要问题。系统的 OKR 框架可以作为员工体验的组成部分，帮助 HR 团队改善这一问题。我邀请了一位我共事过的人力资源主管，以及几位有相关经验的人力资源专家，一起来分享关于这个话题的看法。

提升组织清晰度，减轻员工倦怠感

分享人：人力资源主管 瑞贝卡

员工的职业倦怠问题，不是突然发生的事情，而是长期累积导致的后果。这是身体或情感压力到达顶峰的一种表现，导致员工感到冷漠、疏离、愤世嫉俗和觉得自己一事无成（这些只是一部分症状而已）。雪上加霜的是，过去三年的疫情给员工带来了大量的触发因素，由此导致了历史上最高程度的职业倦怠问题。根据阿莎娜（Ashana）的数据，2021 年，71% 的职场人经历了职业倦怠，其中 42% 的人认为他们的压力水平"很高"或"非常高"。[①]

同时，高达 85% 的员工认为，他们的公司在解决职业倦怠的问题上，做得还远远不够。

我最近召集了一些意见领袖进行交流，看看他们的组织如何应对这一现象。他们分别是：

- Quantivate 公司 首席财务官——德里克·施利克
- Unbounce 公司 人事与文化总监——梅丽莎·伊萨扎
- Apeel Sciences 公司 人事与文化总监——梅根·帕夫拉克
- TKK 公司 人力资源总监——史黛丝·卡罗尔

---

① Asana，《2021 年工作解剖报告》。

1. 领导为减少员工倦怠树立榜样了吗？

人力资源团队人手有限，要让有限的人力发挥最大的影响力，只有通过领导来"加杠杆"，要把时间加倍花在业务领导的身上，以此来扩大 HR 的影响力。

"赋能管理者和人事主管，使他们与员工进行真诚的对话，让人事回归人性。"Apeel Sciences 公司的人事与文化总监梅根说。

提醒领导在会议开始前，不忘问候一下员工的状况，哪怕是一句简单的"你好吗？"而不是开口就谈业务。除此之外，还要鼓励领导以身作则，率先垂范人力资源团队在组织中倡议的领导行为模式。

希望员工能享受到真正的带薪假期吗？那就让领导"拔掉电源"吧！希望员工真实地分享心理健康情况吗？那就给领导提供工具和指导，让他们开始真正的团队对话吧！

2. 围绕情绪感受，创造共通的语言

不要忽略了这个事实，即情绪也可以并有助于创建健康的组织文化，提升员工的决策力和生产力。组织不必忌讳情绪和感受，相反，要找到一种方法，来维持组织内部的情绪和感受空间。TKK 公司的人力资源总监史黛丝·卡罗尔表示，这样做可以消除员工的羞耻感……这种羞耻感来自误以为"我是唯一有问题的人（经历职业倦怠的人），而其他人都没有问题"。

Unbounce 公司的人事与文化总监梅丽莎·伊萨扎建议公司"创造一种共通的情绪语言，并对其进行命名，让大家可以感受彼此的联结，这样就不会感到孤独了"。

梅丽莎的公司就建立了共通的"情绪语言库"，员工可以

分享他们的感受是高于还是低于"基准线",基准线下的感受,往往就是倦怠感。这让员工能够真实地呈现那一刻的工作状态,同时不必泄露或具体说明潜在的私人感受。

最后,还可以"轻轻地"提醒员工,倦怠不是失败,而是一种力量。这是长时间、高压力工作下的自然结果,哪怕是精力最旺盛的"明星员工",也会有压力非常大,感觉"被掏空"的时候。

3. 帮助员工设定明确的目标和期望

根据梅奥医疗中心的研究,导致员工倦怠的主要原因之一,是工作目标和期望不清晰。

道理也是显而易见的——如果你不知道自己的工作与组织的目标之间的关系是什么,也不清楚组织对你的期望是什么,那么你就会感到不受重视、没有价值,因而心灰意冷,缺乏能量去工作(这些都是职业倦怠的典型表现)。

接受阿莎娜《2021年工作剖析报告》调查的员工中,29%的人表示,任务和角色缺乏明确性是导致他们倦怠的首要原因。那解决方案呢?34%的人表示,激励他们全力以赴地工作的主要原因,是了解他们的工作对公司的整体使命的贡献。

这正是OKR的力量所在。

当组织的战略目标和关键成果确立,并对齐联结到各个部门和团队时,员工都确切地知道公司对他们的期望:他们应该如何作出贡献?作出什么贡献?什么时候作出贡献?这促进了员工对工作的使命感,给了员工一个努力工作的理由,因为他们可以真切地看到自己的工作与公司使命的联结。

4. 调整 PTO 政策，以减少倦怠感

鼓励你的员工好好休息一下。梅丽莎建议重新定义带薪休假（PTO）的内涵，减少员工把它视为"心理健康日"的耻辱感。与其区分"身体生病"和"心理健康"两天，不如干脆将两者合并为"健康日"，这样员工能更好地利用休息时间来照顾自己的身心。Quantivate 公司的首席财务官德里克·施利克强调，为了确保员工能够真正享受带薪休假带来的好处，应该站在员工的角度来制定政策，设身处地为员工提供所需的支持。

不能彻底修改 PTO 政策是吗？那就先从小的地方做起吧！我推荐使用分布式休假的做法。我现在的公司就采用了两个劳动日：印度的和美国的，这两个节日在两个国家的团队中，都被视为法定假日。

小贴士：即使你的公司对 PTO 的时长不设限，但最好还是设定一个最低期望值，这让员工休假时不必有压力，不用担心或猜测什么是"正常、合理"的休假时长？把话说明白些吧！

5. 确定优先级（真正的优先级）

在阿莎娜《2021 年工作剖析报告》调查中，46% 的员工认为过度工作是导致倦怠的主要原因。管理者应该采取积极的措施，让你的组织摆脱导致员工倦怠的"巨额工作量"。那应该怎么做呢？

史黛丝鼓励公司的领导在每次开始会议之前，先头脑风暴可以"不做什么"，因为"你只有能找出不做的事，你才能找出真正要做的事"。

梅丽莎的团队采用了诺拉·罗伯茨的方法来应对优先级抉择的问题。诺拉在回答她如何平衡写作和照顾孩子的问题时，

分享了一个宝贵的智慧："耍杂技的关键，在于懂得分辨，抛在空中的球，哪些是塑料的，哪些是玻璃的。"

团队在"耍杂技"的过程中，不可避免会有一些球掉下来，确保你的团队知道哪些球会反弹，哪些球会破碎，这样他们就可以更妥当地进行优先级排序了。

6. 先交心，再谈事

史黛丝引用了人力资源管理协会（SHRM）对斯科特·加洛维（Scott Galloway）采访中的一句话："线上沟通技术要达到和线下面对面交流一样的互动效果，还有很长的路要走，同事在办公室偶遇闲聊两句所激发出的美妙灵感，可能永远不会发生。"[1]

斯科特的话或许是真的，但我们仍然可以尝试用各种方法，重温办公室"茶水间闲聊"的美好时光。

每次开会之前可以先交心，再谈事——问候一下你的同事，他们一切都还好吗？是否有过去经常碰面的同事，一起喝咖啡的同事，有好长一段时间没有联系了？现在不妨拿起手机，发条信息给他们吧！

梅根建议，尽量走出"天天见"的直属团队的小圈子，与"难得见"的跨职能团队的小伙伴建立联结。哪怕是这些简单的联结行为，都可以在很大程度上改善员工的倦怠问题。

7. 留下"无会议日"和"空白时间"

消除一切不必要的会议，避免 Zoom（线上会议）疲劳，让团队有时间专注工作。现在，许多组织都在日历上，限定公

---

[1] 戴维·沃德，《新冠疫情之后：与斯科特的对话》，SHRM，2021 年 3 月 4 日。

司范围的"无会议日"。

Apeel Sciences 公司对此身体力行，他们制定了全公司范围内减少每个人开会时间的目标。员工可以使用"效能窗口"，自主安排需要完成的工作。有些日子用于工作，有些日子用于休闲。我们公司也这样做，每周腾出几个下午的时间，让员工关掉他们的电子产品，待整顿身心，更新重启后，员工以更好的状态投入工作，以更高的效率取得关键成果。

8. 记录会议

录下会议过程，以便员工回听。特别是对那些"身不由己"的家长：不得不在下午三点钟下线去接孩子放学，家里有蹒跚学步的幼儿哭闹无法安心开会……能够事后回看会议，可谓是救命宝典。记录会议的方法很简单，却很管用，特别是对那些无法全程在线开会的员工来说。

9. 用灵活性和创造力减轻职业倦怠

减轻员工职业倦怠最有效的方法之一，是采用灵活的办公方式。史黛丝提醒大家一个基本常识：每个员工都是个性化的，合适这个人的东西，不一定合适那个人。

《哈佛商业评论》的调研显示，32% 的受访员工表示他们再也不想回到办公室工作，相反，有 21% 的受访员工表示他们再也不想待在家里工作。[1]

要找到吸引这两类人的方法。对那些亟须居家办公的员工（通常是带孩子的员工或通勤时间长的员工）来说，提供灵活

---

① 尼古拉斯·布洛姆，《不要让员工选择他们的居家办公日》，《哈佛商业评论》，2021 年 5 月 25 日。

的办公方式，能让他们实现工作与生活的平衡。还可以将在办公室里的"一对一会谈"，换成"散步和交流"的方式来进行，这样双方可以在交谈的同时锻炼身体。

另外，有 21% 的人（通常是单身员工或年纪较大的空巢老员工），他们比较渴望社区生活，因此，用个性化的方式，创建有意义的联结，让线上办公也有线下办公的人文感，是非常重要的（详见下一个"小贴士"！）。

10. 为管理员工倦怠问题提供支持

梅根表示，为了对抗员工倦怠问题，Apeel Sciences 公司将"最有深度的价值投资——全员健康和能量管理计划"列为公司级的战略目标。下面的关键成果和关键举措包括举办月度的集体健康大运动和各种以健康为优先的小活动。

小贴士：你可以把员工健康相关的目标，加入你下一个季度的 OKR 组合。

Unbounce 公司同样把员工健康放在首位。在过去的一年里，他们让所有员工使用 Headspace APP，这是一款有助于冥想和正念减压的应用程序，此外还给每位员工发放了 500 美元的健康津贴。他们还举办了数字化园艺游戏、烹饪和艺术课程，以亲近人文和自然的方式将人们——尤其是那些在疫情期间独居的员工——"从心"凝聚在一起。

11. 不遗余力解决员工的倦怠问题

尽管管理者已经知道并习得了这些方法，但是在远程办公无人监督提醒的情况下，还是很容易把以上的最佳实践抛诸脑后，因此，自觉留心和加倍努力比以往任何时候都更重要。史黛丝就在她的公司里观察到了这些现象，很多领导"故态复萌"，违反了公司倡导的领导行为。

为了解决这个问题，她提醒公司领导，要管理的是员工"有没有产出"，而不是员工"有没有在线"。

只要员工能实现目标和成果，领导就不必过度在意员工有没有在线上。鼓励午间的散步交流、在日历上留出效能窗口和休憩时间，或采取任何能够激励员工、点燃员工能量的做法。要关注的是员工的价值产出和实际影响，而不是待在办公室里或留在线上的时间。

人力资源部门 / 团队的 OKR 示例

人力资源负责人的 OKR 示例

- **战略目标**：确保我们的员工愉快地投入工作。
- **关键成果**：
  - ➢ 将员工满意度调查平均得分从 75% 提高到 90%。
  - ➢ 90% 的员工参加四到五门内部职业发展课程。
  - ➢ 将离职面谈的比例从 50% 提高到 90%。
- **关键策略**：
  - ➢ 增加员工的内部轮岗流动性。
  - ➢ 进行离职面谈，收集员工离职的主要原因。

- **战略目标**：制订全面的多元化融合发展计划。
- **关键成果**：
  - ➢ 80% 的员工认为我们的 DEI 工作从好到更好。
  - ➢ 将少数群体员工的保留率提高 10%。

- ➢ 90% 的员工每月至少参加一次紧急救援基金会（ERF）社区活动。
- ➢ 将员工多样性的比例从 20% 提高到 30%，更好地代表公司所服务的当地社区。
- **关键策略**：
  - ➢ 创建 DEI 委员会。
  - ➢ 授权所有员工参加每月 DEI 会议。

- **战略目标**：在公司网站上创建并发布"最潮"招聘门户。
- **关键成果**：
  - ➢ 招聘门户网站的访问量环比增加 25%。
  - ➢ 将提交申请的步骤从 3 个减少到 1 个。
  - ➢ 将在网站上实时发布新招聘信息的时间从 5 天缩短到 1 天。
- **关键策略**：
  - ➢ 为各部门的利益相关者查阅开发测试站点。

- **战略目标**：通过全公司实施 OKR 目标管理法，建立目标导向的文化。
- **关键成果**：
  - ➢ 通过举行 12 次周别的培训和辅导，让员工上手并掌握 OKR 的最佳实践。
  - ➢ 80% 的员工每周按时完成 OKR 的进度签到。
  - ➢ 将部门级 OKR 复盘的准备时间从 14 天减少到 5 天。
  - ➢ 90% 的员工在 OKR 实施后提高了对透明度和责任感的评分。

- **关键策略：**
  - ➢ 为每个部门培养 OKR 教练。
  - ➢ 部署 OKR 软件。

销售部门 / 团队的 OKR

从增加营收到建立忠诚的客户关系，销售部门在推动公司整体业务增长方面至关重要。但是销售部门应用 OKR 时，会碰到一个典型的挑战：当销售指标已经分配到人头，并且已经和考核奖金绑定时，还如何设定激励人心的、雄心勃勃的愿景型目标？在本节中，我将说明 OKR 目标管理和销售任务指标之间的区别，以及两者如何统合增效。还有最重要的是，探讨 OKR 对促进销售人员的积极性和提升销售团队的透明度的作用，由此打造更好的团队文化，达到更高的生产力水平，最终带来更强劲的销售业绩。

OKR 对销售部门 / 团队的价值和作用

大多数销售团队都只关注销售指标——这也被称为销售代表的个人目标，特别是和收入提成挂钩的任务目标。但是最厉害的销售领导人知道，如果想让团队的业绩优异，实现业务增长和长远成功，就要同步长足的发展计划，而不仅是完成当下的销售任务。如果只看眼前的一城一池，很容易忽视其他发展要素。

根据我的经验总结，最好的做法是把愿景型 OKR（挑战进取）和承诺型 OKR（保障必达）结合使用。用愿景型 OKR 来促进长远的业务发展，用承诺型 OKR 来完成当下的销售任务。这是对销售团队最有效、最健康均衡的方式。我建议，愿景型 OKR 的标准可以设置得比原本的销售任务高出 20%～30%。这让销售团队和每一个销售代表都"开脑洞"进行创造性思考，大家如何一起做大蛋糕，如何共同超越最低限额。另外，这还可以同时兼顾销售收入提成的要求。

OKR 主要通过以下途径，帮助销售团队聚焦正确的方法、策略，驱动长期的业绩发展：

- **提高团队成员的积极性**：销售团队的 OKR 为整个团队提供了归属感和目标感，将销售客户经理、销售拓展人员、销售支持人员以及团队的其他成员，凝聚到一个共同的目标上。在打造一个富有战斗力的销售团队时，共同奋斗的"革命友谊"很重要。
- **明确角色并提高透明度**：从内部来说，OKR 为销售团队提供了透明度和清晰度，让人人都明确各自的作战位置，更好地为实现销售目标而奋斗。从外部来说，销售团队与其他团队经常有间隔感，因为他们的工作一般是对外的，不是在线上给客户电话，就是在去拜访客户的路上。这时，全公司透明的 OKR 能为销售团队提供更宽广的业务背景，让销售团队可以同步了解其他部门的工作情况。
- **提供长期发展的关注点**：OKR 帮助销售团队兼顾长短期目标，在达成短期业绩成果的同时建立长期的客户关系，而不仅是完成当下的销售任务指标。

常见问题和解决方案

销售领导人通常具有很强的灵活性，遇到突发情况时总能灵活应变。他们培养应变能力的方法是未雨绸缪，提前为每一种可能发生的情况做预案。销售部门实施 OKR 时，一般会遇到如下特定的挑战。

挑战：我从无数的公司那里听到的一个常见障碍是，销售团队成员担心 OKR 会变成"又一个"薪酬考核的指标。

应对：在为销售团队进行 OKR 培训时，要特别说明 OKR 的作用是什么，以及 OKR 目标管理和销售配额指标如何结合使用。正确的介绍应该是——销售团队运用 OKR 的目的，主要在于提升团队成员的积极性、参与度和责任感，促进团队内外部协作，从而实现更好的销售业绩，而不要错误地把 OKR 当作"又一个"考核薪酬绩效的"新玩法"。

挑战：销售团队把大部分时间都用在完成销售任务上，往往无暇他顾。对公司至关重要的战略目标和关键任务，如果跟销售的考核指标没有直接的关系，往往很难跟销售人员沟通，让他们理解并列为优先级。

应对：销售团队要和其他团队建立跨部门的协同机制，一起讨论如何把各部门的 OKR 对齐到公司的整体营收上。这可以使销售团队更明确自身的任务并思考自己的贡献，从而为他们的销售活动创造一种更具创造性和协作性的方法。

我同时建议，销售团队不要局限于营收目标来制定 OKR，应该有更大的视角和更长远的考虑。在制定销售部门的 OKR 时，除了销售目标外，还需要兼顾不同维度。这些 OKR 对销售人员的可持续发展至关重要。比如，销售人员的行为塑造、销售过程和流程管理、销售团队的精神打造，或改善跨部门协作关系等。

经验之谈：销售部门/团队如何用好OKR

销售管理工作和其他工作相比，有更多的重复性内容。为了持续的成功，销售人员要不断地复制成功的做法。要追踪和分析哪一通电话、哪一封邮件或哪一种话术，客户成交的效果最好？如何才能对公司整体业务产生影响？

要回答好以上问题，需要一些专门辅导。作为一名连续创业者，我对销售流程有着深刻的理解。但我不是专门的销售管理者，也不算天生的销售培训师。因此，我特意邀请了专业的教练培训师阿曼达·盖茨来分享她的见解。

在听阿曼达分享之前，我想先从企业老板的角度分享一条建议：把团队的各项销售指标、销售任务、销售速率与团队整体的OKR目标放在一起管理。不管你是使用软件、表格还是白板工具，它们都能为你和团队提供全貌，也让公司领导层对销售目标和指标的进展情况一目了然。理想的情况是，使用OKR来组织团队的周例会和月例会。

好销售，从教练辅导开始

分享人：销售人才发展教练 阿曼达·盖茨

很多人都知道制定目标的重要性，也有不少人知道制定目标的方法。然而，一般的目标制定和专业的目标管理还不是一回事，专业的目标管理是一套完整的技能，而很少有公司能把目标管理发展成专业的能力。对企业来说，缺乏有效的目标管理能力不是小问题，业务做不好，不能简单归咎为销售经理"素质不行"，缺乏有效的目标管理能力是个大问题，是可以影响到业务好坏和公司成败的关键问题。

虽然这听起来像是一个偏执狂的言论，有点耸人听闻，但是目标管理确实是一项关键技能，可以对你、你的销售团队，甚至是公司的长治久安产生重大影响。销售教练流程关键的第一步，是先对销售人员进行目标管理技能培训，由销售团队中一位强有力的销售教练来辅导。但是，这往往也是问题所在，很少有销售团队的销售经理懂得教练技能，几乎没有人进行过教练方面的能力投资，这一"不幸的数据"导致了"糟糕的后果"：如果没有一个好的销售教练，60%的销售人员可能会离开团队，其中包括你最看重的销售明星！

销售人员离职，只是销售团队教练能力不足的几个严重后果之一。此外还有：

1. 未能完成给定季度或年度的销售任务。
2. 无法设定明确的期望并管理责任成果。

提高销售培训和作业准备标准

以下是一个快速的自我诊断方法，可以帮助你判断销售团队的情况，以及是否能够从定期教练辅导中受益：

1. 你有多少销售机会的丢失是由于团队的准备不足而造成的？
2. 你有什么方法可以让销售人员为重要的客户会谈做足准备？
3. 你的销售人员是否对他们的客户沟通技巧过度自信和自满？

4. 你的销售人员是否经常把他们的问题归结为客户线索不足？

5. 你的销售人员是否有害羞、畏缩、回避、不安等肢体语言？

许多销售人士认为自己的销售能力足够强悍，因此见客户时可以随意发挥。他们经常会说："我是老油条了，没人能难倒我。"这种态度反而说明了，他们要么是过度自信，要么是过度心虚，因此才打肿脸充胖子。

这种随意的态度，对任何其他职业，都是不可接受的。比如，医生或律师不会在毫无准备的情况下开展工作，让行动建立在所谓的经验自信的"直觉"之上！那么，为什么销售人员不能有更高标准的培训和作业准备要求呢？这是一个极好的问题，也让人百思不得其解。

评估教练辅导技能以解决问题

通过评估你的教练辅导技能来解决这个问题，帮助全体销售人员走上实现销售目标的道路：

1. 销售经理可以通过制定目标来提高销售团队的业绩，目标管理是"教练工具包"中的一部分。

2. 每个季度末，是销售经理为自己制定教练辅导目标，并为团队安排目标设置活动的最好时间。

3. 销售经理围绕目标进行结构化的、定期的教练辅导，无论是公司、团队还是个人的销售目标，都是为了支持整个销售团队实现目标和承诺，这对销售团队的可持续成功至关重要。

有效的教练辅导对销售团队实现销售业绩，是绝对有帮助和有必要的。从制定目标开始，和销售人员构建一个成功的销售计划，同时让大家了解自己的工作将如何影响到组织战略目标的实现，而不仅是营收指标的达成。

将个人目标与组织战略联系起来

动荡的商业环境，经常会让销售经理、销售代表和销售支持团队所制定的挑战性目标难以实现。要求员工创建并分享他们的任务和计划，只是围绕目标进行有效教练辅导的第一步。当员工制定了恰当的目标后，还要让个人的目标对齐公司整体的使命和战略，找到最合适的工具，形成最得力的方法，以此推进行动，保持前进势头。

个人的目标设定是重要的第一步，但如果整体目标没对齐，也无法推动营收的增长，主要有以下两个原因。首先，一系列分散的个人目标，如果没能合成一个更大的整体的目标，可能会让大家朝着不同的方向发力，最终白费力气；其次，销售经理无法辅导连自己都不知道的目标，因此需要先明确公司的战略目标，然后才能校准员工的个人目标。

当销售经理清楚团队成员的个人目标和公司整体的战略目标时，他们就能找到这些目标之间的交集。当销售经理取得了团队的认可，并采用这些目标作为日常教练辅导的内容时，就能实现个人目标和公司目标对齐。然而我们发现，不熟悉教练辅导的节奏以及缺乏教练辅导的技能，经常会阻碍销售经理有效地帮助销售人员对齐目标。

有效的目标对齐，对公司营收的影响巨大：

● 它可以提高和加快运营效率，推动团队快速从战略到执行。

- 它可以成功打造主人翁精神，提高员工的敬业度和保留率。
- 沟通和对齐目标可以减少或消除在无关任务上浪费的时间。
- 可以最大限度地减少销量起伏不定的"销售过山车"问题。

销售经理将个人目标纳入教练辅导的过程中，可以为销售的发展提供可持续的动力和势能。

目标一致性对保持动能至关重要

统计数据显示，有40%的成果是在项目最后的1/3阶段取得的。这验证了目标梯度理论，即人们越接近目标，就会越努力实现目标。

目标对齐使管理层能够快速地做出战略决策。因为团队已经在做着最重要的事情，方法策略可以灵活进行调整，这能够避免因目标混乱或优先级冲突而浪费时间。

目标一致性让员工更敬业和稳定

目标一致性是公司和员工沟通期望、记录进度及甄别员工优势和不足的有力工具和抓手。当员工了解公司的使命以及他们的贡献如何影响使命时，个人和组织的互相成就，才有可能真正地发生。

了解员工的内在动机，是作为销售经理所能拥有的最强利器。了解是什么让员工在职业目标或个人目标方面表现出色（在合理的范围内）。教练提供了一个很好的工具和方式，通过提出正确的问题，了解员工的意图。

但是，如果不想办法将公司的使命和个人的目标对齐一致，只是了解员工的内在动机，也没有什么战略价值。一个卓有成效的"天才"销售经理，其过人之处在于他能够使公司的总体目标与销售代表的个人目标保持协调一致。这种一致性，为销售团队建立了"想要"与"必要"的共同愿景。如果销售经理在将个人职业目标与组织战略目标对齐方面表现出色，那么他们也能更容易地提升销售人员对目标的使命感，促使他们以更大的责任感朝着目标前进。

激发一切驱动销售和收益的要素

作为一名销售经理，你要努力激发员工的驱动力。销售人员努力实现收益目标的驱动力，是生生不息的能量和资源。但是，在销售人员的目标没有与公司的战略目标对齐，且对目标没有承诺度的时候，要想把销售做好，实在是勉为其难。只有当销售人员对齐目标并承诺目标后，才能形成有效的驱动，交集点在于，把个人的"为什么"与公司的"为什么"对上了。持续对员工的目标——职业和个人的"为什么"进行教练辅导，引导好方向，管理好注意力，为实现目标赋能。

销售部门 / 团队 OKR 示例
销售负责人的 OKR 示例

- **战略目标**：推动第四季度创纪录增长，增强财务稳定性。
- **关键成果**：
  - ➤ 为新的中型企业销售渠道创收 350 万美元。
  - ➤ 将关闭 / 丢失的机会从 100 个减少到 25 个。
  - ➤ 将每周演示的预订从 20 场增加到 50 场。
- **关键策略**：
  - ➤ 在新市场中开展销售活动。

- ➢ 雇用 4 名新业务经理。
- ➢ 减少已关闭 / 丢失的机会。

- **战略目标**：优化销售渠道，帮助业务经理更高效地工作。
- **关键成果**：
  - ➢ 将销售周期从 35 天缩短至 24 天。
  - ➢ 将销售代表的销售达成率从 60% 提高到 78%。
  - ➢ 将 SQL 赢单率从 40% 提高到 56%。
- **关键策略**：
  - ➢ 针对所有业务经理的异议处理举行研讨会。
  - ➢ 开发新的销售平台并侧重于价值而非功能。

- **战略目标**：在新客户增长细分市场，实现突破纪录的销售额。
- **关键成果**：
  - ➢ 完成 50 万美元的新大型企业（ENT）交易。
  - ➢ 完成 30 万美元的新中端市场（MM）交易。
  - ➢ 完成 20 万美元的新中小型企业（SMB）交易。
- **关键策略**：
  - ➢ 为每个细分市场制订追加的销售计划。
  - ➢ 为每个细分市场构建产品转化触发器。

- **战略目标**：转向以地域为中心的销售模式。
- **关键成果**：
  - ➢ 100% 的业务经理完成其区域战略演示。
  - ➢ 每个地区的销售线索差异在 20% 以内。

- **关键策略：**
  - ➢ 建立新的区域模型和竞争计划。
  - ➢ 根据地域对客户经理和销售代表进行配对。

销售开发团队的 OKR 示例

- **战略目标：**改进入站潜在客户的处理效率。
- **关键成果：**
  - ➢ 在 16~20 小时内回答所有网站查询。
  - ➢ 在 24~36 小时内执行 92% 的入站演示请求。
  - ➢ 将页面聊天响应时间从 120 秒缩短到 90 秒以下。
  - ➢ 每周演示预订量增加 12%。
- **关键策略：**
  - ➢ 为新市场的所有演示请求建立新的响应序列。
  - ➢ 建立销售代表的排班时间表。

- **战略目标：**改进潜在客户的资格审核流程。
- **关键成果：**
  - ➢ 将 5 天内达到发现阶段的入站潜在客户数量从 38% 增加到 48%。
  - ➢ 预定 150 次潜在客户会议。
  - ➢ 创造 25 万美元的销售机会。
  - ➢ 将回访比率从 25% 提高到 35%。
- **关键策略：**
  - ➢ 检查所有的拒单，确定审核不通过的原因。
  - ➢ 实施铅富集分析方法。

- **战略目标**：提高对外销售开发战略的有效性。
- **关键成果**：
  - ➢ 触达 125 个独立账户。
  - ➢ 与 300 个 MQLs（营销合格线索）建立联系。
  - ➢ 将平均通话时间从 4 分钟提高到 6 分钟以上。
  - ➢ 将出站后销售跟进时长从 20 天增加到 27 天。
- **关键策略**：
  - ➢ 开发新的销售代表出站拓客程序。
  - ➢ 针对关键行业开展作业管理活动。

客户经理（AE）的 OKR 示例

- **战略目标**：提高目标客户内部关键利益相关者的影响力和参与度。
- **关键成果**：
  - ➢ 将初次拜访的电话数量从每天 20 个增加到 25 个。
  - ➢ 将每天发送的介绍电子邮件从 20 封增加到 25 封。
  - ➢ 将线上的探讨会次数从 3 次增加到 5 次。
  - ➢ 将线下的拜访成单率从 20% 提高到 25%。
- **关键策略**：
  - ➢ 为每个客户经理定义关键目标客户列表。

- **战略目标**：加快入站的销售流程。
- **关键成果**：
  - ➢ 将所有新销售查询的响应时间从 5 小时内缩短到 2 小时内。
  - ➢ 将从查询到演示的平均时间从 48 小时缩短到 36 小时。

> ➢ 将从提案到决策的平均时间从 5 天减少到 3 天。
> ➢ 本季度完成的交易数量从 7 笔增加到 10 笔。

- **关键策略**：
  > ➢ 更新"问答"话术。

市场营销部门 / 团队的 OKR

市场营销部门是一个非常独特的部门，因为营销人员的工作重点和职能各具特性。不像销售或工程团队基本从事相同类型的工作，营销团队的职能五花八门，包括增长营销人员、活动策划经理、产品营销人员、内容营销人员、设计师、摄像师等。通过 OKR 建立共同的目标，将不同的角色联结起来，并就每个职能如何作出贡献建立共同的认知。

OKR 对营销部门 / 团队的价值和作用

OKR 为营销团队带来了许多好处。市场营销部门既有定量的工作，也有定性的工作，OKR 能够贯穿这两种不同属性的工作，并且带来清晰的焦点。以下是我总结的市场营销团队使用 OKR 的三大益处：

（1）**焦点清晰**：如果没有一个定义清晰的目标，营销活动很容易变成打"移动靶"的游戏。虽然 OKR 强调聚焦于"硬"的成果和成效，但如果有意为之，也会关注到品牌建设、意见领袖和内容质量这些"软"的营销工作，而传统以收入指标为重点的 KPI，很可能会错过"软"的部分，但这些对长期成功至关重要。

（2）**职能协调**：营销部门的工作有很多不同的方面，各种活动策略也会产出很多不同的成果，市场营销的 OKR 可以围绕着最有价值和影响力的成果，集中精力、群策群力，共同推动目标的实现。

（3）**从任务输出到价值产出的转变**：OKR 提供了从关注任务行动到关注业务成果的思维转变，对一个注重效能的团队来说，这是一个必要的转变。

常见问题和解决方案

挑战：营销团队经常要跟踪各种指标，不仅包括品牌知名度和客户参与度等大的指标，也包括漏斗收入等细的指标。以往，营销团队惯常的做法是根据不同的指标内容，把业务切成小板块，各自在筒仓里完成，造成了不少重复的劳动。

应对：通过建立营销团队整体的 OKR，让团队既各自努力又实现互补，重复工作的问题在 OKR 规划阶段就化解了，而不是事后才发现问题。这将是一个强制性的功能，让特定指标的负责人将所做的工作相互协调，以推动实现目标。

挑战：搞一场"冒个泡"的营销活动很简单。难就难在弄清楚每场活动，对实现总体战略目标有何作用？

应对：OKR 的起点就是你想要实现的战略目标。因此每一场营销活动都围绕着支持这一战略目标的实现开展。

经验之谈：市场营销部门 / 团队如何用好 OKR

许多企业都会遇到如何处理销售部门和营销部门的关系问题。

市场营销部门的职责很广泛，但总的来说都是为一件事服务：推动收入增长。为了进一步探讨这个话题，我邀请了一位我曾经合作过的营销主管及他的一位销售同行。

不要再为销售漏斗孤军奋战

分享人：营销主管 凯文·希弗利

你可能从未听过，销售老大会主动对营销老大说："让我们商量一下咱们品牌的平台参与度问题。"

通常来说，当营销和销售不在同一条战线上时，就意味着营销计划失败了。当销售团队成功时，当客户成功时，或者当产品功能被采纳时，就意味着营销计划成功了。

尽管和其他部门休戚相关，但大多数营销目标和计划，都是在简仓中单方面制定的。

目前，我已经辅导过三家公司的营销团队建立 OKR，我目睹的最大的错误之一——也是我自己所犯的错误——就是在营销团队制定战略目标、优先级和承诺时，没有同步和其他部门对齐。

在本文中，我会分享一些 OKR 示例，帮助你的销售团队和营销团队建立联系，但我想首先分享三个主要原因，说明为什么营销团队建立 OKR 时，必须和其他团队同步。因此，我邀请了我的同事——销售副总裁克里斯来进行分享。

营销和销售协同制定目标的三大原因

1. 确保客户体验第一

作为一名营销人员，很容易有思维定式，习惯了只从指标：访问量、潜在客户、转化率、收入等"事"的方面来思考问题，但营销人员的首要任务应该是关注人，因此，要像"人"一样思考。销售工作也是如此，首要关注人。如果我们不把客户的体验和感受放在第一位（信不信由你，客户也是人），那么这些数字只是毫无意义的虚荣指标。

克里斯说："和客户多些接触很容易，比如多打一个电话或多发一份邮件。""但如果我们内部没有协调好，对客户来说是不能承受之重，最终导致事与愿违。必须以客户的体验为中心，这是第一，也是唯一，否则我们将双输。"

2．别让销售漏斗破裂

作为营销人员，时刻牢记销售预测依赖于营销预测。如果营销的重点是提供产品 X，它的成交／中标率为 Y%，而销售却误以为促销产品 Q，它的成交／中标率是 Z%，基于错误的理解来制定销售目标，这种错位将会代价高昂。这影响了销售重点、战术打法、销售话术和人员调配。反过来，营销团队也需要了解销售团队的能力和需求，这样他们才知道在哪里用功可以事半功倍。

克里斯说："市场营销团队的主要职责，是寻找新的潜在客户和新的销售线索，帮助销售团队做好销售准备。"但这个过程需要测试和调适，看看哪种方法对销量和成交率最有效。这两个团队要在目标和承诺方面步调一致，以可持续和有弹性的方式实现这一目的。

3．避免反馈回路中断

作为营销人员，你应该花大部分时间来关注客户，从客户的角度思考他们想要什么、需要什么？哪些信息如何引起客户的共鸣？哪些信息为何被错过了？哪些方面需要有不同的做法？对市场营销部门来说，销售是信息传递的延伸，也是获取有效性反馈的最大资源，但如果营销和两者的指向不同，就会出现错位和理解上的偏差。

克里斯说："我们销售团队每天都会打电话或用电子邮件和市场营销团队互动，倾听来自市场的需求和顾虑。""因此，我们很清楚客户购买或不购买的原因，这些得益于市场营销团队的关键反馈。"

如何建立让销售人员青睐的营销 OKR？

为营销团队创建 OKR 有些棘手。如果只说"做什么"很容易，OKR 也要通过有效的战术和策略化腐朽为神奇，把理想变成现实。但同时别忘了，战术和策略不是 OKR，目标是雄心勃勃的目的，关键成果是可测量和有影响力的。

还有一点很重要，要避免把关键成果设置成中看不中用的"虚荣指标"。别忘了通过"必要且充分测试"，从成功实现目标的角度思考："如果达成了所有这些关键成果，我是否实现了战略目标？"当这些都定义清晰了，才能制定出有效的战术和策略，促进成果的产出和目标的实现。

以下是一些市场营销目标与销售目标相结合的 OKR 示例，通过不同的维度呈现营销和销售活动的不同内容，如：获取优质销售线索、促进销售准备、发现增长杠杆、实施销售活动，提高周转速度和转化率。

战略目标：为销售团队提供高质量的销售线索

关键成果（数量）：驱动 XX 个销售成单。

● 关键策略（质量）：提高从市场到销售的 MQL：SQL 转换率。

关键成果（增长）：从新渠道提升 10% 的销售收入。

战略目标：成为我们行业中最受认可的品牌

● 关键策略：开展 XX 合作伙伴营销计划，接触新的受众。

关键成果：通过文章投稿产生 XX 次新闻曝光率。

关键成果：在 XX 行业贸易出版物上刊登广告。

战略目标：打造规模化能力

● 关键策略：建立新客户推荐计划，在指定时间内获取 XX 位潜在客户。

关键成果：从有机渠道预定 XX 次会议。

关键成果：通过内容营销，吸引 XX 位顶级潜在客户。

战略目标：用"令人惊叹的"营销材料"武装"销售团队

● 关键策略（差异化）：新的内容和定位体现在 XX/XX 份销售材料中。

关键成果（数量）：交付 XX 份销售认可的营销材料。

关键成果（质量）：营销材料有效促成 XX% 销售成交。

战略目标：改进销售漏斗机制，交付 XX 销售准备就绪的潜在客户

● 关键策略：检查所有潜在客户接触环节，以提高 3/4 销售阶段的转化率。

关键成果：创建程序化方法，对 100% 的损失交易进行质量损失分析。

关键成果：将关键 ICP 的销售速度提高 XX%。

我希望以上示例对初学者有所帮助，同时我也要友情提醒你，不要复制粘贴、照搬照抄，因为每家公司的业务情况有所不同。另外，营销部门的 OKR，应该和销售部门的 OKR 一起讨论开发。

市场营销部门 / 团队的 OKR 示例
市场营销负责人的 OKR 示例

市场营销负责人负责总体营销战略和计划的制定。他们的工作由产品营销、数字计划、沟通宣传、活动策划等组成。对营销负责人来说，设计好部门的目标，为大家奠定好基础，是非常重要的事情。

- **战略目标**：改进端到端流程，提高成交率。
- **关键成果**：
  ➢ 第一季度，获得 9500 个合格的新销售线索。
  ➢ 第一季度，推动 1 亿美元的营销渠道落地。
  ➢ 第一季度，创建 4 份销售漏斗的营销材料。
- **关键策略**：
  ➢ 开展定向客户活动。
  ➢ 赞助重大行业活动。

需求开发团队的 OKR 示例

- **战略目标**：加强品牌在空间领域的领先地位，以提升每月的网站访问量。

- **关键成果：**
  - ➢ 将有机搜索的独立访客的数量提升 25%。
  - ➢ 将社交媒体粉丝从 5 万人增加到 7.5 万人。
  - ➢ 将 NPS 得分从 7 分提高到 8 分。
- **关键策略：**
  - ➢ 通过 A/B 测试，获取关键渠道的信息和广告创意。
  - ➢ 本季度将企业客户的视频证言从 5 个提升到 7 个。

- **战略目标：** 实现创纪录的营销参与，以增加付费客户。
- **关键成果：**
  - ➢ 第三季度产生 6 万名独立的网站访问者。
  - ➢ 第三季度获得 4000 个新的试用注册用户。
  - ➢ 第三季度转化 1400 名新的付费客户。
- **关键策略：**
  - ➢ 构建新的客户培养序列以精准定位活动和客户画像。

营销活动团队的 OKR 示例

- **战略目标：** 驱动营销活动的 ROI（投资回报率）创新高。
- **关键成果：**
  - ➢ 在活动期间审查 1200 个有效的徽章。
  - ➢ 在活动期间预定 10 次现场销售会议。
  - ➢ 从第二季度的活动中产生 37 万美元的渠道销售额。
  - ➢ 在活动演出后获得 13% 的观众参与度。
- **关键策略：**
  - ➢ 赞助世界级赛事。

内容营销团队的 OKR 示例

- **战略目标**：创造顶级内容以扩大产品发布范围。
- **关键成果**：
  - ➢ 将有机网络流量增加 500K UV（独立访客）。
  - ➢ 撰写 12 篇博客文章。
  - ➢ 将社交媒体浏览量增加 100 万。
- **关键策略**：
  - ➢ 制定并坚持编辑日历。
  - ➢ 撰写 2 篇顶级漏斗营销文章。

营销运营团队的 OKR 示例

- **战略目标**：部署最佳电子邮件营销软件，为公司吸引更多潜在客户。
- **关键成果**：
  - ➢ 通过电子邮件营销活动，预定 50 次潜在客户会议。
- **关键策略**：
  - ➢ 完成营销自动化认证。
  - ➢ 在季度末推出电子邮件营销软件。
  - ➢ 通过电子邮件营销活动推动产生 150 条销售线索。

产品营销团队的 OKR 示例

- **战略目标**：创造最佳的客户咨询委员会体验。
- **关键成果**：
  - ➢ 促使 50 名客户的高管参加季度会议。
  - ➢ 解决客户最关心的前十大痛点问题。

- 促成会后跟进计划，解决三大业务问题。
- 会后客户满意度调查获得 90% 的满意率。

- **关键策略：**
  - 制定客户咨询会议大纲和内容。

- **战略目标**：坚持客户至上，聆听客户心声，增强客户黏性。
- **关键成果：**
  - 对现有客户和流失客户进行 20 次深度访谈。
  - 聆听 50 个销售来电。
  - 对至少 2000 名用户，进行客户满意度调查。
  - 列出前 10 大客户挑战，并与产品团队分享。
- **关键策略：**
  - 与销售和客户体验团队举行定期会议，以了解客户的核心需求。

- **战略目标**：推广客户参与计划。
- **关键成果：**
  - 通过电子邮件和 APP 通知，将客户参与度从 20% 提高到 30%。
  - 创建客户自助服务教程，包含 12 个模块的完整视频和文档内容。
  - 推广客户自助服务教程，将一级支持请求数量从 100 个减少到 50 个。
- **关键策略：**
  - 构建客户社区平台。

品牌知名度团队的 OKR 示例

- **战略目标**：提升公司品牌知名度和客户参与度，增加最终试用注册人数。
- **关键成果**：
  - ➢ 增加 25% 的试用注册率。
  - ➢ 媒体投放季度环比从 5 增加到 10。
  - ➢ 优化博客，对 5 个特定搜索词进行排名，使有机流量季度环比增长 25%。
- **关键策略**：
  - ➢ 发起意见领袖活动。

客户成功部门 / 团队的 OKR

客户成功部门负责保障产品的成功和服务的满意。除此之外，该部门还要经常处理大量来自现场的支持请求，是应对客户投诉和避免客户流失的第一道防线。关注细节的能力对客户成功团队来说至关重要，而且客户成功团队的领导者还要具备一种能力，即把团队目标进展情况的观察，作为洞察客户情况的先行指标。

OKR 对客户成功部门 / 团队的价值和作用

OKR 可以为客户成功团队带来如下益处：

（1）**持续改进**：OKR 在团队层面提供了一个管理框架，让整个团队和每个成员通过周期性的进展跟踪，持续改善客户服务和体验流程。

（2）**重点关注**：公司高层往往不够重视后台的客户成功指标，他们的首要核心关注点在于前台的业务增长指标。但是，企业如果要可持续发展，就要把客户满意度、客户保留率和新客户拓展等客户成功指标，列为整个公司的首要考虑因素，因为这会影响到产品决策、营销计划、销售预测、销售策略和整个企业的发展方向。OKR 将这些核心要素都纳入企业最重要的对话中。

经验之谈：客户成功部门 / 团队如何用好 OKR

客户成功团队面临着独特的挑战：他们要与每个部门保持一致，才能成功地履行其主要职能；同时还有另一个独一无二的挑战，即要为企业最宝贵的资产——客户的幸福感负责。同样为了实现客户成功的功能，但是团队采用的方式不一，有时甚至迥异。就如何创建统一的客户体验目标这一话题，为了从内部从业人士的角度获得专业洞察，我邀请了一位曾合作过的资深客户成功专家来做分享。

得客户体验者得未来

分享人：企业客户成功负责人 珍妮·林斯坦

无论你是在软件行业还是零售行业工作，你的同行都是以客户为中心制定目标（customer-centered goals），并通过明确清晰的关键策略，让团队对齐一致并群策群力。

统一的客户体验目标示例，比如"为进店客户提供卓越的客户体验"和"确保所有在线订单次日发货"等，这些目标

还可以包括改善客户消费情绪（NPS），提升客户终身价值（LTV），增加平均订单量（AOV）等，作为公司季度和每年持续关注的重点领域。

这些以客户为中心的顶级客户体验目标，让团队可以围绕着一个共同的使命目标奋斗，而不是各自为政，只看自己的一亩三分地，只关注自己部门的指标；或者只看数字不看人，眼里只有收入目标，而没有了客户体验。

客户体验目标示例

让我们以"今年将客户平均订单量提高 10%"这个客户中心目标为例。通常，可能已经有一个小团队在负责这项战略计划了，为了推动这个目标，他们努力从不同的团队中争取资源和关注，但是往往没有取得成功。

然而，如果把这个目标定位为客户中心目标，提高到客户体验团队的最高级别上，可以让每个团队都集中精力（和人力）共同支持该目标，更重要的是，让团队成员理解他们的日常工作是如何向上对齐到这项公司要务上的。

- 对品牌推广团队来说，这可能意味着内容和宣传策略的转变，从跨不同渠道推动单一产品宣传，转变为将不同的产品渠道整合起来推广。例如，从某一双鞋的单个产品视角，到从上到下完整的产品系列视角。又或者，将重点转移到突出更高价值的优质产品上，而不是低价值产品上。
- 对电子商务团队来说，这可能意味着优化公司的网站，在每个产品页面上显示推荐和建议的商品，以增加下单量，或者在网站上捆绑商品，鼓励一次购买更多商品以获得折扣。在这种情况下，为了支持客户中心目标的实现，该团队可能会将他们的工作重点，从比较复杂的全新网站建设计划，转为相对简易的改进和优化现有网站页面。

- 对客户支持团队来说，这可能意味着要减少普通无差别对待的平均处理时间，以便能花更多时间与 VIP 客户沟通和聊天，根据他们的购买历史和偏好，个性化地向他们推荐新商品。这时，客户支持团队的目标价值得以扩展，不再只是被动地对客户服务请求做出反应，而是成为积极主动的战略性销售增值部门。

在上述示例中，当客户体验目标是围绕着解决客户的问题、为客户创造价值而设置的，而不是为了部门特定的考核指标而设置的时候，所有参与客户体验目标的团队，都可以重新定义自己部门的战略目标，对客户体验目标的实现，作出直接的影响和贡献。

这里关键还要理解一点，在团队中建立以客户为中心的目标后，虽然在一定程度上降低了其他事情的重要性，但这并不是问题！就像一个专注于少数关键客户的零售商，通过一个又一个季度的持续关注，聚焦于客户的核心价值，为客户提供最佳的体验，让客户始终保持高兴和满意，终将会带动其他方面，实现整体的收获最佳。

以下是几大零售机构的客户体验 OKR 示例。

战略目标（O）	关键成果（KR）	关键策略（KI）
"忠诚计划"——制订有吸引力的客户忠诚计划，提高客户保留率	● 客户忠诚度计划的效益从 8% 提升到 15%。 ● 与客户进行有针对性的沟通，推动线上渠道的积分兑换——从5000 点到 1 万点	● 制订一个线上线下通用的忠诚度积分兑换计划
"一个客户"——了解完整的客户旅程，构建立体的客户画像，提供更好的客户体验服务	● 将线上渠道捕获到的关键客户详情信息数量从 4 个增加到 8 个，以便更好地锁定目标对象 ● 线下门店的客户至少获取 5 个数据信息点 ● 通过线上和线下渠道收集 100 名客户的反馈，以了解客户的体验旅程	● 制定一个线上线下通用的忠诚度积分兑换计划 ● 为线下门店开发捕获客户数据的机制和流程 ● 线上和线下渠道同步推出调研
"哇！行动"——创造让客户尖叫的店内数字体验	● 在 10 家门店中植入3 种数字化手法（环形过道、定价展示、数字产品目录），以创造愉悦的客户体验 ● 有 15% 的到店客户参与了数字化体验活动	● 确定供应商并在门店推出数字化体验计划

部署客户体验目标框架

对那些希望将所有客户体验团队集合在一起，共同聚焦于最重要的业务优先级的零售商来说，OKR 战略目标管理法是一种屡试不爽的方法。

第一步：统一客户体验团队的步调

把团队召集在一起，不管是线上的虚拟会议室，还是线下"真实世界"中的会议室。向大家解释，"为什么"要制定统一的客户体验目标：围绕相同的关键客户体验标准调整自己的步伐，这样你就能和团队步调一致了——做最有利于客户的事情，通过激光般精准的对齐，最终实现你的部门目标。

- 告别孤立的团队规划，让每个人围绕以客户体验为中心的共同目标保持一致。
- 当人人都围绕着满意和忠诚的客户做出价值和贡献时，这是团队共同的胜利。
- 聚焦推动影响公司发展的关键客户指标，而不拘泥于部门的战术和任务指标。

第二步：一起拿出我们共同的 OKR

使用 OKR 战略目标管理法框架，让团队领导共同制定 OKR。要记住，你的目标也是大家的目标。例如，战略目标是"成为北美地区的头号市场领导者"。关键成果是所有相关团队为实现该目标而采取的具体的、可衡量的里程碑。如果客户体验旅程中的每个职能团队，都能够将以客户为中心的大目标，进一步分解为各自团队成员的小目标，就能够让每个人都对某一个小的客户体验节点的结果负责，由此积小胜为大胜，最终让团队在总体上获得巨大的胜利。

第三步：承诺透明的沟通、追踪和刷新

如果你不管理目标的进展，目标就不会有任何进展。你要定期举行团队会议，进行一对一的交流会谈，持续地追踪目标的进展，而不是停留在原地打转。透明的沟通、追踪和刷新，为目标进展提供了真实的信息来源，让你实时知道自己的位置在哪里？有没有走上正轨？是不是在哪里落后了？

也许是时候摆脱手工追踪目标的做法了。不要让客户体验目标的进度追踪，变成没完没了的手工作业负担。客户服务团队员工数量众多，而且工作繁忙，不能让 OKR 追踪成为额外的负担，否则会让 OKR 难以实施和推广。如果采用 OKR 软件，进度追踪就轻而易举了，员工也不必为此劳烦了。

- 集成到现有的关键系统（营销和客户服务系统）中，这样你不用手工更新目标，也能实时访问目标进度。
- 自动跟踪目标和成果的进展情况，让你及时了解自己的不足之处，明确需要投入更多资源或培训的地方。

无论你采用哪种方式（手工或软件）实施 OKR，只要用合适的方式和有意识的推进，都能给团队带来成功所需的焦点、清晰度和透明度。

客户成功负责人的 OKR 示例

- **战略目标**：检查并改善托管客户的服务管理流程。
- **关键成果**：

  ➢ 90% 的客户在四周内上线。

  ➢ 90% 的客户在上线后两周内满足参与门槛。

- **关键策略**：

  ➢ 与客户体验团队（CX）一起启动每周站会计划。

  ➢ 建立客户参与计划的里程碑。

- **战略目标**：增加现有客户，实现收入扩张。
- **关键成果**：

  ➢ 将收入从 100 万美元增加到 200 万美元。

  ➢ 将季度业务审查的数量从 75% 增加到 90%。

  ➢ 100% 的合同续签报告提前 60 天递送给客户。

- **关键策略**：

  ➢ 制订销售合作伙伴计划。

- **战略目标**：提高客户订阅量。
- **关键成果**：

  ➢ 将年度客户订阅量增加 10%。

  ➢ 将订阅利润率提高 5%。

  ➢ 将订阅取消率控制在 5% 以下。

- **关键策略**：

  ➢ 和运营部门一起制定简化的订阅流程。

- **战略目标**：通过客户支援和培训，提供卓越的客户服务。
- **关键成果**：
  - ➤ 将支援电话的弃听率从 14% 降至 9%。
  - ➤ 将问题解决的平均速度从 3 天降低到 1 天。
  - ➤ 监控和更新自动聊天机器人的响应情况，将问题解决率从 38% 提高到 50%。
  - ➤ 将客户支持和培训团队的基准满意度从 81% 提高到 90%。
  - ➤ 更新并升级产品使用手册教程，以推动更高的产品使用率。
- **关键策略**：
  - ➤ 建立客户培训门户网站。
  - ➤ 实施客户支援培训计划。

III

OKR 的经营管理

　　构建、定义和对齐 OKR 的能力，是开启 OKR 经营方程式的起步。OKR 旨在成为促进组织强有力地对话的催化剂，而这些对话需要常规的机制并定期地进行。这也是许多公司没能把 OKR 用好的原因所在。为了让 OKR 在组织中落地，并成为每个人的方法论，你需要把 OKR 作为经营和执行的"轴心"。

　　本书的第三部分提供了详细的操作指南，说明了 OKR 的主要流程和关键节奏，让你能够使用 OKR 作为管理杠杆，撬动公司业务不断地向前发展。

　　谨记，无论是上面的规划蓝图，还是下面的操作指南，都旨在创建一个让 OKR 运转起来并系统落地的"飞轮"。如果没有正确的过程和恰当的节奏，OKR 就难以发挥其"利器"效用，产生不了应有的高价值影响力。

如果你是一位企业高管，我希望这成为你的宝贵指南，指导你如何使用 OKR 孵化和培养一种透明、专注、敏捷和"无所不学"的组织文化。如果你是一位部门或团队经理，OKR 也可以帮助你创建一个团队管理系统，让团队成员有更强的目标感，方向清晰、重点明确、围绕共同目标和优先要务开展工作。

—— 第十五章 ——
准备迎接挑战，
期待乘风破浪

15

最近，我和德里克进行了一次交流，他任职于一家大型科技公司，OKR 刚开始在他的事业部中开展时，每个人都很兴奋，然后大家很快意识到，落地过程没那么简单，但他们不想轻言放弃。对德里克而言，OKR 是一套全新的方法论。作为一名 OKR 新手，他对没能清晰地把握好方向，处理好相关的工作有点沮丧。

像德里克这样的情况，我们已经司空见惯了。无数客户都曾向我"求救"过，他们尝试开展 OKR 的最初几个季度实在是做得"有些艰难"。在大多数情况下，我的团队能够帮助他们发现影响 OKR 使用的问题并排除障碍，让 OKR 在接下来的季度和周期运作中变得更加顺畅，直到 OKR 成为公司业务节奏中的自然组成部分。

当你开启 OKR 之旅时，请你带着激情和耐心上路，或许努力很苦，但是坚持很酷。像生活中的其他事情一样，OKR 也会经历波折和起伏。邀请你做好准备，期待你迎接挑战，祝福你乘风破浪！

OKR 基础节奏
3C 框架：创建、签到、闭环

从顶层设计上来说，规划最佳的 OKR，包括三大部分：计划时间、执行时间和复盘时间。也就是 3C 框架：创建（Create）、签到（Check‑In）、闭环（Close）。我鼓励企业在 3C 框架上，投入足够的时间和精力。

为了确保 OKR 广泛应用落地，请从一开始就实施 3C 框架，并在后续的每个计划周期中，始终遵循这一基本节奏。

你可以采用以下的视觉引导图，向领导展示 OKR 3C 框架的节奏和流程，让他们了解其中的构造和步骤。

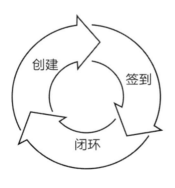

创建OKR：季度开始前
- ✓ 根据公司年度OKR，定义部门OKR。
- ✓ 创建并对齐联结团队和个人的OKR。

签到OKR：季度周期内
- ✓ 各层级定期评估OKR进度，高层间同步讨论评估。
- ✓ 处理有风险和脱轨的OKR，视情况进行校准纠偏。

闭环OKR：季度结束时
- ✓ 在软件工具中进行评分和总结，关闭本季度OKR。
- ✓ 团队集体学习，复盘成败得失，刷新下季度OKR。

OKR 实战案例：Josh Hug 和 Remitly 的季度必赢之战

Remitly 公司是一个跨境转账平台，对其首席运营官兼联合创始人乔什·胡格（Josh Hug）来说，OKR 和公司共同成长。随着公司的发展，OKR 的成熟度也持续演化。

早期，领导层会制定年度目标，然后以两周为期进行任务冲刺。然而，他们很快就开始扩大规模，将不同的团队分开，并开始制定月度目标，进而制定季度目标。

胡格说："这时，我们发现团队觉得目标变化更快，我们在目标设置方面不够稳定，尽管从管理层的角度来看，还是有一些基本不变的年度目标……但我们会每个季度改变一次重点，这给大家造成了目标变化过快的混乱感。""那时我们决定使用 OKR，因为我们认为它能提供一个相对稳定的框架，可以让团队意识到他们有一个固定的季度目标，同时还能以季度为周期进行刷新。"

胡格说，在团队层面，公司充分赋权，让团队自行管理过程签到，团队在如何做到这一点上拥有自主权。

但是，在公司层面，他们制定季度目标的过程和要求相当严格。

"我喜欢 OKR 的季度稳定性。我告诉大家，在一个季度内，他们不能改变目标，不要把时间花在目标变更上。一旦你设定了目标，就应该专注于执行。哪怕你设定了错误的目标，从错误中学习也比随意变更目标要好。"

胡格表示，他也喜欢 OKR 的持续改进和敏捷灵活的特性。

"我们追求进步，精益求精。我喜欢在保持聚焦的同时改进目标，但不是在季度中间把目标变来变去。"

—— 第十六章 ——

关键业务节奏：
年度OKR规划

16

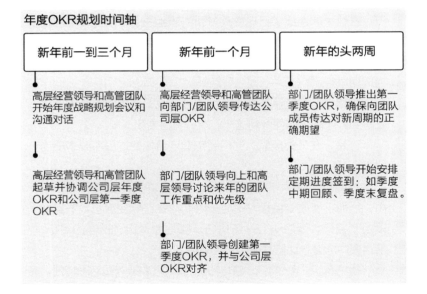

年度OKR规划时间轴

新年前一到三个月	新年前一个月	新年的头两周
高层经营领导和高管团队开始年度战略规划会议和沟通对话	高层经营领导和高管团队向部门/团队领导传达公司层OKR	部门/团队领导推出第一季度OKR，确保向团队成员传达对新周期的正确期望
高层经营领导和高管团队起草并协调公司层年度OKR和公司层第一季度OKR	部门/团队领导向上和高层领导讨论来年的团队工作重点和优先级	部门/团队领导开始安排定期进度签到：如季度中期回顾、季度末复盘。
	部门/团队领导创建第一季度OKR，并与公司层OKR对齐	

一年之计在于"初"。年度 OKR 规划是让企业在当年取得成功的最为关键的"首发"一环。通过一个翔实的规划，你会"心知肚明"组织的发展方向、如何定义和衡量成功，并清楚地了解

如何执行组织的首要任务。

OKR 的强大之处在于，它为你最重要和最有雄心的目标，提供了如何实现的路线图，给了你里程碑和中期航标，甚至激发你设计从未想过的路线图。

即使在途中出现了意想不到的路障，但只要每个人都清楚组织前进的方向和推进业务所需的最重要的工作，那么也能够快速有效地进行调整。

年度 OKR 规划是一个过程，需要时间把它描绘出来。但即使费时耗力，能为来年做好准备，也是非常值得的投入。在本章中，我将带你一步步地了解 OKR 规划的关键步骤，包括从领导层具体需要做什么，到个人层如何参与到公司最重要的目标中。相信到本章结束时，你会确切地知道公司新一年的发展方向，以及你们将如何实现这个了不起的计划。

关键业务节奏：新年前一到三个月

参与人：公司高层领导（经营管理班子或高管团队）

要做的事：对有 OKR 经验的小公司，我建议领导层在新年开始前四到六周做年度规划。对较大的公司或没有 OKR 经验的公司，我建议领导层更早一些采取行动，在新年前的两到三个月就启动公司年度 OKR 规划，同时也着手讨论第一季度公司层的 OKR 目标。

创建前回顾

在你为新的一年制定新的 OKR 之前，先回顾过去一年的

OKR 是很重要的。如果你前一年实施的所有年度目标，仍值得奋斗，那是非常难得。OKR 本质上是一个学习过程。即使你的 OKR 达到 100% 完美，你依然能从中学到一些东西。

在年度规划过程中，这些讨论可能不仅仅是通过一两次会议就能解决的，可能需要几周的时间才能完成，让你的团队有时间思考消化，然后再回笼进行下一步研讨。关于要花多少时间，以及哪些关键利益相关者要参与决策，都要安排妥当。

回顾过去一年的年度目标时，一定要问问自己以下的问题：

- 哪些目标现在已经不适用了？
- 各类重大事件（如新冠疫情、外部市场、全球事件）对我们完成年度目标有多大影响？
- 我们希望在新的一年里实现哪些目标？
- 我们从没有达到的目标中学到了什么？
- 我们的 OKR 写得好吗？如果 OKR 的品质还不够好，如何在新的一年里改进？
- 别忘了庆祝胜利！

评估当前差距和问题领域

OKR 年度规划的核心，是如实地反映哪些领域你需要投入更多关注，哪些领域你需要留意外部风险。全面地把脉你面临的运营挑战。

（1）**市场和行业**：我们的行动是否太慢了？速度够快吗？我们足够稳定吗？能够承受波动吗？

（2）**跨职能协同**：我们部门间都对齐了吗？我们是否有重复劳动或没有厘清依赖关系的地方？

（3）**团队的能力**：我们有正确的人在做正确的事吗？是否在某些领域存在短板有待规划解决？

（4）**资源的调配**：财务预算、招聘计划、时间分配等"人财物地时"各方的资源都要思考在内。高层领导团队要为员工保驾护航，让员工心里有数，通过 OKR 规划过程，合理地承担责任和采取适当的行动。

你可能已经解决或至少意识到了这些问题和差距，事预则立，提前进行周详的盘算将为年度 OKR 规划奠定良好的基调。

关键业务节奏：新年前一个月

参与人：公司高层领导、部门/团队领导。

要做的事：12 月，公司高层领导应该与董事会、部门/团队领导沟通公司的年度 OKR，以及这些目标如何转化为团队的季度 OKR。与部门/团队领导的讨论十分重要，是确保每个团队都了解公司来年的优先要务和重中之重的关键。

如果团队领导需要更多的 OKR 培训，那么这将是理想的教练辅导时机，确保他们在 OKR 最佳实践方面得到所需的支持和训练。如果团队还不熟悉 OKR 目标管理法，这段时间可安排实战共创工作坊，通过行动学习让他们参与其中。学而时习之，有益而无害。

关键业务节奏：新年的头两周

参与人：全公司。

要做的事：在新的一年的头两周左右，高层领导要向全员分享公司层的 OKR，团队领导则要推出当前周期的团队 OKR 草案，确保向团队成员传达正确的方向、重点和期望。谨记：OKR 周期是灵活的，应该反映出最适合你的业务节奏。这时，也要开始预排常规的签到和检查节点，以及第一季度末的评分和复盘时间。这一周期循环，每个季度重复一次，以确保团队和公司的季度 OKR 目标，始终与公司的年度 OKR 目标对齐。

—— 第十七章 ——

关键业务节奏：
季度OKR规划
17

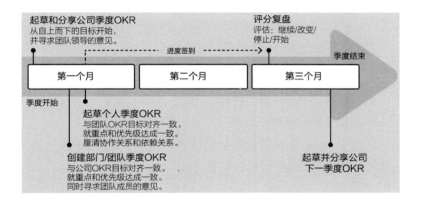

一般来说，OKR 是以年度和季度为基础的双轨规划，有时更加注重季度落地进展，因此季度定期审查至关重要。

季末 OKR 评分复盘

参与人：OKR 的负责人、对该 OKR 负有协同责任的团队。

要做的事：季度末是团队、管理者和个人回顾进展及复盘表现的时机，同时也是对 OKR 进行评估和评分的时刻。

OKR 季度复盘的目的在于：

- 对照目标进度评估并打分。
- 可以使用 0.0~1.0 评分法。
- 可根据关键成果进行评分。
- 区分 OKR 是承诺型还是愿景型。承诺型对标 1.0 分，愿景型对标 0.7 分。
- 鼓励和支持团队进行反思和复盘，找出成败得失的原因和总结经验教训。
- 在季末的回顾复盘会上，与团队分享对 OKR 的评分，解释得分的理由和原因，指出下季度的调整之处。

如 Remitly 首席运营官兼联合创始人乔什·胡格所言："对目标管理来说，真正的重要和关键之处在于，你要关注未来的成功，而不要纠结过去的失败。""这是我们致力培养的。我们希望从过去学习,然后在未来做得更好。"

我们在第十一章时已经提过,在进行 OKR 评分时要输入所有关键成果的最终值,以百分比(如完成 80%)或指标值(如销售额 5 万美元)表示,并使用以下评分模型(大多数 OKR 软件,比如我们的软件,会自动算出得分)。

得分	颜色
≤ 0.4	红色
0.5~0.6	橙色
0.7~0.9	绿色
1.0	橙色

每次结束季度 OKR 或年度 OKR 的闭环时刻,也是暂停和反思效能和流程的重要时刻。

OKR 效能

- 我成功实现了哪些战略目标,我能做到的原因是什么?
- 我们(我的团队和我自己)碰到了什么棘手的问题吗?
- 我是不是雄心过头了?是否应进一步聚焦和集中精力?
- 我是不是隐藏实力了?是否应进一步拉伸和挑战自己?

- 这一周期中的哪些经验教训，可以应用在下一周期中？
- 下一周期应该开始做什么、停止做什么或继续做什么？

OKR 流程

- 下一季度哪些 OKR 可以定位和定义得更加精确和有效？
- 可以采用哪些技术和工具让我们的流程和操作更顺畅？
- 可以创建哪些报告和仪表盘让我们的进度追踪更到位？
- 领导和员工需要哪些额外培训持续提升他们的能力？

每当你完成一次 OKR 闭环，下一次的流程就会更顺畅。让"旧 OKR 闭环，新 OKR 开启"成为你根深蒂固的工作习惯。

合适的时间安排是，假设你将花费一周时间复盘和闭环年度 OKR 目标，那么将花费一两天时间复盘和闭环季度 OKR 目标。

OKR 的评分复盘会议对 OKR 项目落地至关重要。这要求团队每月或每季度做足准备并仔细审视他们所做的工作。

在团体情境下要做到这一点，要求团队有精确的节奏和严格的纪律，大家认真地对待流程，并严格地执行程序。

需要注意的一个危险信号是团队误以为 OKR 是一种监控手段。让大家谨记，对 OKR 来说，分数没那么重要，从过程中不断学习，才是更重要的。

最后，你最不希望看到的是，员工把 OKR 看作是公司额外强加给他们的工作，是压榨他们的生产力的又一种手段。确保让员工与公司宏大的使命相联结，让员工投资于自己的价值和影响力，避免把 OKR 变成一种惩罚性的杠杆手段。

—— 第十八章 ——

关键业务节奏：
月度OKR审查

18

参与人：为了提高透明度，参与月度OKR审查的人员，可包括来自高层领导和/或其他部门/团队的利益相关者，但应由该OKR的负责人运行。

要做的事：月度会议的重点应该是审查有风险的或滞后的OKR，关键在于解决问题障碍和纠偏校准OKR的路线。要提前安排月度审查会议，并通知员工做适当的准备。

在会议之前，应该先更新OKR的进展状态并加以评注，并让每个人对讨论有风险的或滞后的OKR有所准备。

我理解，很多人都不希望在日历上增加"又一个会议"，但谨记，OKR应该是组织所有要务的"轴心"连接器——要发挥其轴心作用，就必须定期对其进行审查。可以考虑将OKR月度审查会与现有月度会议整合，但以OKR作为会议焦点。

其他类型的月度会议，也可以围绕OKR重新构建：

1. 月度"市政厅大会"

考虑每月召开一次市政厅式的公司全体大会，比每周例会更深入地剖析公司的经营状况。OKR的进展情况应该反映出公司的"状态"。这也是员工通过提问和给出建议来参与管理的绝佳机会。你可以将其整合到现有的此类会议中。

2. 跨团队OKR拉通对齐会和Agile任务冲刺会

对团队领导来说，定期与OKR的负责人和利益相关者举行跨团队OKR会议，除了信息交流的作用外，还意味着对公司目标的共同承诺。例如，你们团队的目标是实现10倍的收入增长，你可以和对该OKR负有协同责任的销售、客服、市场营销和产品团队的利益相关者，举行双周的OKR拉通对齐会。你可以将其整合到现有的此类会议中。

—— 第十九章 ——
关键业务节奏：
周别OKR例会
19

参与人：部门/团队领导，及其团队成员。

要做的事：围绕OKR举行团队例会，将OKR目标放在首要位置。这样，会议就不会跑题，团队也可以专注于完成重中之重的工作。通过OKR周例会为本周定下基调，并提醒每个人，OKR会议应该推动工作，而不是妨碍工作。我们都晓得开会太多，干不了活的滋味，所以如果你要和团队开会，那么请确保会议讨论是有意义的。

在每周的OKR例会中讨论什么（这可以成为常规的会议内容）：

OKR 的总体进度

❑ 讨论过去一周的OKR进度签到情况。

❑ 如果许多目标处于"没什么新进展"的状态，这时要甄别哪些是正常进度，哪些停滞不前。

风险 / 滞后的 OKR

❏ 对这类 OKR，要逐个甄别，并与该 OKR 负责人开诚布公
   地沟通，了解 OKR 滞后或具有风险的原因是什么，他们
   下周的计划是什么，以及是否需要采取措施进行修正。

❏ 本环节要收集来自所有团队成员的建议和反馈，这将有助
   于 OKR 负责人制订重返正轨的计划。

下周的重点计划

❏ 对每个未完成的 OKR，负责人需要制订下周的行动计划，
   以推动本季度取得进展。

任务和行动清单

❏ 同时记录其他需要在下周例会前完成的任务。

所有 OKR 会议，都关乎透明和协同。将这些核心价值观放在
首位，为团队培育合适的文化土壤。

其他形式的周别会议

1. 每周内部领导会议

重新规划与部门主管的周例会。强化 OKR 的轴心地位，将各
个部门联动起来，以推动工作的开展，实现公司的战略目标。通
过每周内部领导会议，让每个团队领导都参与其中，以消除部门
之间孤立的筒仓，最终更有效地解决各种问题。在季度末，利用
召开内部领导会议的机会，回顾哪里做得好，哪里做得不好，以
及下一季度的计划是什么。

2．每周公司全体会议

公司领导还可以考虑在每周初召开一次全公司范围的例会，与员工讨论公司重大的动态或面临的问题，并给所有员工提问的机会。这可以是一个 30 分钟的快速会议，根据公司本季度或其他给定时间段的目标进展情况来安排。

3．关键策略项目会议

对 OKR 框架里面的每个关键策略，你要有一个机制以召集参与该策略行动的利益相关者。这些关键策略是核心优先事项。每周把相关职能团队召集在一起，分享最新的进展状态，讨论潜在的挑战障碍，围绕预定的主题做出决策。我的建议是在项目会议开始的前几天发布议程，让每个利益相关者有时间提前进行准备，更新其项目和任务的信息。

——第二十章——
关键业务节奏：
个人OKR会谈
20

参与人：管理者及其直接下属。

要做的事：在一个充斥着"数字化会议疲劳综合征"的世界里，在一个你已经感觉时间安排拥挤不堪的日程中，再给你硬塞一个会议着实让人生厌，但这也是为什么有效地构建一对一会谈（1：1 Meetings）如此重要的原因。

作为组织的领导者，你的直接下属指望你给他们提供反馈，以实现他们所渴望的富有成效的工作。更重要的是，听取一线员工的意见其实对你最有好处，这样可以帮助你做出更明智的决策。因此，请开启和员工个人的一对一会谈，围绕着OKR进行规划，创建连续的反馈循环。

会议前

选择一对一会谈频率：

❏ 每周一次一对一会谈是最常见的，尤其是在管理者和直接下属之间。如果觉得太多，可以缩减到每两周一次，在不进行会谈的休息周，也可以使用 Slack 沟通软件或电子邮件进行简捷的异步签到。

❑ 月度或季度一对一会谈，适用于和组织中的其他关键员工的沟通，或者适用于管理者有大量直接下属的公司。

选择日期和时间：大多数管理者选择在周初进行一对一会谈，以便制定本周需要完成的行动清单，或者在接近周末的时候回顾进度并为下一周做好准备。一般来说，就像你在早晨锻炼身体一样，选择早一点的时间，会让你的一天过得更充实，或者避免你因要去其他地方"灭火"，而不得不取消一对一会谈。

当然，你选择什么日期或时间还不是最重要的，最重要的是你始终如一的坚持和实行。如果管理者一而再再而三地推迟或延后一对一会谈，那可能会让员工觉得非常没意思，因为这相当于发出了一个信号，说明员工的时间没有价值。所以请管理者务必遵守你的一对一日程。

刷新 OKR：让员工在会谈前先进行 OKR 签到，更新他们的进度。围绕 OKR 组织会议，将目标放在首位，防止偏离主题，这有助于员工集中精力完成最重要的工作。当然，并不是每次一对一会谈都只关于 OKR。还有其他的重点和主题也值得关注，但是作为流程和节奏的一部分，聚焦 OKR 的定期一对一会谈很重要。我建议至少每个月做一次。

设定日程：有效的一对一会谈，从明确的日程开始。确保 OKR 成为日程的一部分，每月至少一次，并且让参与人提前做好会议准备。OKR 软件平台通常有提醒功能，可以在你自定义的日期和时间点，发送闪屏提醒一对一会议签到。

- ❑ **非正式签到**：不必着急一开场就直奔主题。相反，花五分钟闲聊工作以外的生活，从宠物、孩子到八卦、热点。每周哪怕只花几分钟，交流一下个人的兴趣爱好或周末趣事，都有助于建立信任，尤其是在一个远程通信主导的世界。提醒：在会谈前，最好先询问一下员工手头上是否有紧急事务需要处理。假设员工正在处理一个愤怒客户的投诉，或正在处理一个家庭问题，或正在为佣金支票忙得团团转，那么在处理好这些事情之前，他们可能很难集中精力会谈。

- ❑ **回顾团队和个人 OKR**：进展还顺利吗？积小胜为大胜吧！首先请员工从上周进展重大的 OKR 中发现自己的亮点，然后问问他们从中学到了什么。拦路虎在哪里？作为一名管理者，你要不时地问一问："我能帮什么忙？""大家卡在哪里？"以及"我如何帮助消除障碍？"如果目标范围要改变，那就在这里直接沟通。比如，某个有风险的 OKR 是否需要分配额外的资源支持，或是应该根据新的信息重设优先级或重新修订？

- ❑ **行动清单**：对每个未完成的 OKR，明确下周将采取哪些行动，来继续推动本季度的进展。具体很重要。不要笼统地说"完成培训下载"，要详细地说"瑞秋在周一员工入职报到前完成培训计划，周四前获得卡丽娜的批准，周五将最终培训版本上传到在线学习系统"。

- ❑ **结尾**：在一对一会谈的尾声，涵盖所有未列入议程或未列入 OKR 的内容，比如即将到来的休假或个人发展目标，如额外培训等。利用这个机会记下一些有关会议的笔记。

---第二十一章---
OKR 签到管理
常见问题答疑
21

OKR 签到应该包含哪些内容?

OKR 签到应包含每个关键成果和关键策略的数据更新,同时为数据添加简短的注释或描述性的背景介绍。签到的更新示例如:我们公司的市场活动,让我们的产品在相关行业的新闻报道中,被提及的比例接近 50%。我们将营销文章的目标数值提高了 1 倍,达到 110 篇,这成为我们大型新闻媒体宣传采用的新基准。

OKR 签到会议应该如何运行?

OKR 签到会议应该预先做准备,即相关签到数据应该在会议前输入。基于签到数据,会议重点讨论那些滞后的和有风险的问题 OKR;可以通过带有 OKR 列表功能的仪表盘软件,筛选出这类异常状态的 OKR,促进更有效的沟通。

有关滞后的和有风险的 OKR 沟通,应该是一种协作性的对话,主要围绕着如何让这类处于异常状态的 OKR 回到正轨,同时应该明确下一步行动,并落实到相应的责任人。

将对话时间控制在预计时间内（基于议程上的 OKR 总数和会议时长），以确保所有异常 OKR 都被涵盖和检查了。

在会议结束前，如果时间允许，团队可以继续检查处于其他状态的 OKR。

如何检查 OKR 中的依赖关系？

检查依赖关系，应该由已经识别了这些依赖关系的 OKR 目标或成果的负责人，通过异步的方式进行。相关人员将有依赖关系的 OKR，添加到各自的仪表盘中，来监控 OKR 的进展状态。

依赖关系的负责人可以根据需要，采用召开会议或共享信息的方式，确保目标和进度持续地对齐。这可以通过现有的信息和沟通渠道来完成，也可以通过在用户的签到评论中标记用户的方式来完成。

我如何知道该何时改变目标？

一般来说，当季度的第一天（或新的工作周期）到来时，公司的战略目标就应该已经设定好了。为何要这样呢？如我此前一直强调的，要在上一周期提前做好下一周期的规划，以便团队在新周期到来前已做好准备，可以正式开始干活。

当你提前做好规划时，团队可以确切地知道新周期对他们的期望，以及他们应该将注意力和精力集中在哪里。

在理想的情况下，团队能够在整个过程中按照规划，顺利地朝着实现目标的方向前进，而且无须任何调整即可实现目标。最好每次都能如此理想——定期实施规划，如期实现规划。遗憾的是，真实情况并非如此。

导致变化的原因有很多——如新的需求和项目出现，供应链中断，或你突然意识到团队的目标可能需要变更。

那么，在什么情况下，我们应该在中期变更目标或指标呢？在什么情况下，我们应该坚持并从中学习再改变呢？

在以下情况下，你应该在周期中间变更 OKR：

（1）由于出现了更重要的优先事项，当前的目标无法获得足够的关注和资源，以致无法取得实质性进展的时候。

（2）当前的目标明显变得没有价值、经济上不可取或实际上不可行的时候。

（3）当你有了新的洞察和新的判断，意识到了当前的目标应该修改的时候。

例子

你设定了一个 OKR 目标，在某个日期之前推出一个新的销售支持工具，但这时你意识到有一些不可控因素，正在阻碍你实现该目标。或者，你意识到你的选择有误，比如关注了一个不太合适的市场，因此需要适时进行调整。

在这种情况下，你可以调整 OKR 目标以启动新的项目、停止现有项目，或继续现有项目但对内容进行某种调整。

另一个真实的例子是，一位客户不久前设定了一个 OKR 目标，即在某一特定细分领域启动一个全新的创新项目，但是，在本季度开始几周后，他改变了主意，决定收购该领域的另一家公司。在这种情况下，原来的 OKR 就要更新。

当遭遇意外中断时，我们该如何应对？

如果遇上了不可预见的意外事件，OKR 负责人就要与相关管理链条上的关键成员进行讨论，以重新确定优先顺序，抵消意外事件的影响。例如，供应链中断可能意味着你无法如期实现目标。在这种情况下，你有两个选项：

（1）你可以调整预期目标，并将这些变更同步级联到所有受其影响的 OKR 上。

（2）你可以保持目标不变，但要花时间思考如何能在现实条件受限的情况下，弥合差距／实现目标（很多伟大的创新都是"逼"出来的）。

意外事件将会导致目标的终止或推迟，因此要考虑重新设定目标的优先顺序。

当团队无法达成 OKR 时，我们该怎么办？

当团队面临无法达成 OKR 的问题时，你有以下几个选项。

无论 OKR 的性质（愿景型或是承诺型），你都可以提醒团队，追求目标就是学习，让一次比一次更好。对愿景型 OKR 更应如此。团队领导要加倍努力营造心智安全的环境，允许失败，这是增强团队创造力的真正伟大方式。

即使是承诺型 OKR，你依然可以关注学习和发现，只是更加强调即时的调适，迅速修正偏离轨迹的目标。

从哪里跌倒，就从哪里站起。从错误中快速吸取经验教训，通过小而快的速胜策略，让任务和计划重回正轨。你可能还会发现其他更根本的挑战所在，但这些问题的解决需要一些时间（例如，缺乏获取准确可靠数据的渠道，人手不足需要雇用更多的员工等）。

最重要的是，当团队士气低落时，别忘了提醒大家看到进步，我们已经取得了哪些进展，哪些方面是向好的。这时，我更喜欢的说法是："好！进展到 40% 了。让我们一会儿研究看看，怎样能快速达到 100%。首先我好奇的是，你们做了什么，获得了这 40% 的开门红？"

当 OKR 进行中期变更时，如何与协同者沟通？

始终保持对话和沟通，着眼于学习而非评判。当你要对 OKR 进行变更时，确保你有一个逻辑清晰、论证简要的调整理由。我们为什么要做出改变？我们试图通过这种新方法实现什么价值？我们要做什么和我们不做什么？

目标中期变更可能会让人觉得，目标的正常进展受到了损害。倒不一定是这样。相反，可以在季度中期进行调整，正是我们强调 OKR 要定期签到的原因——中期是修正错误最好的时机。而不必沿着错误的道路去"实现失败"，本来可以在这个周期避免的错误，不用留着等着循环到下一个周期。

与其将中期变更视为失败，不如将其视为机会，让我们始终专注于价值成果——干成了什么，而不仅仅是任务输出——干了什么。

OKR 实战案例：使用 WORKSOFT 创建共同语言

在竞争激烈、瞬息万变的市场中，创造高绩效文化是许多公司的首要任务。WORKSOFT 公司也不例外。

WORKSOFT 为企业组织的应用程序提供了一个连续测试自动化平台，旨在帮助 QA 软件质量保证团队"更快、更高效、更可靠地交付完美的应用程序"。

但是，公司内部不断增加的孤岛和筒仓问题，激发了新任首席执行官托尼·萨姆斯特对企业文化的优先考虑，如何推动不同职能部门和团队更紧密的协调，是重中之重。尽管许多员工对自己的工作高度投入并且充满热情，但是组织整体上需要更流动的、更柔性的合作，以激发透明和开放的对话，尤其是围绕着全局性的蓝图和战略优先级。

托尼请领导力教练兼人力资源专家凯茜·伊斯特伍德，帮助 WORKSOFT 公司实施并遵循应对这些内部挑战的原则和做法，以建立一个协作的高绩效组织。他们开启了一个三阶段的旅程，总共分"三步走"，包括目标设置、战术规划、员工参与和团队协同。实施 OKR 在流程的每一步都发挥着至关重要的作用。

首先，凯茜帮助高管团队对齐战略目标，将高管的目标映射到首席执行官托尼所提议的更全面的三年战略规划中。其次，三年战略规划被解码重新设计为年度 OKR，高管团队开始在每周的例会中追踪进度。凯茜说："我们决定第一阶段仅在高管团队中实施 OKR"，"首席财务官和我主持了每一场 OKR 会议，向大家展示了仪表盘，详细介绍每一项任务，说明我们将如何实现目标，以及为确保成功需要做什么。"这让高管团队围绕着共同的目标团结起来，由此促进了整个团队更好地沟通和协作。

"我们的首席执行官说过一句话,'我们必须停止空谈,我们必须开始行动。'OKR 让我们能够看到整体和全局,从大局出发思考哪些任务是更迫切的。"

当 OKR 被完全嵌入高管的对话后,下一步就是让所有员工参与进来。为了让所有员工都认同公司的愿景,WORKSOFT 平台给员工提供了查看整个公司 OKR 目标的权限,并把公司年度 OKR 分解为季度 OKR 和团队级 OKR。在介绍完 OKR 的方法框架、管理软件和进行了一个小时的培训后,WORKSOFT 在一周内获得了 99% 的参与度。

其中,有一些团队和 OKR "一拍即合",快速上手,以严谨甚至"虔诚"的态度实施 OKR;但是,也有一些团队要经历一个较长的适应和迭代的过程,才能逐步领会和理解 OKR 是如何推动他们的日常工作,帮助他们聚焦要务的。此外,通过 OKR 让员工建立起信任,并建立起开放透明的组织文化,也是一个长期持续的过程,尤其是员工已经习惯了把目标和奖金挂钩,担心目标没有达成对考核薪资造成影响。高管团队要重视并且帮助员工消除这些顾虑,公开向员工传递设立"大目标"的重要性,鼓励大家敢于想象、勇于挑战,欢迎对个人发展和团队成长有益的失败。

OKR 通过提高跨团队的可见度和协同性,为 WORKSOFT 公司培育了更强的凝聚力。强大的集成平台允许用户将 OKR 软件与 Jira、Smartsheet 和 Salesforce 等软件系统联结起来,这有助于简化工作流程,创建一个全面综合的任务管理和目标进展完整视图。团队主管日常还可以使用 OKR 进行绩效辅导对话,了解员工的目标进展情况,记录员工个性化的发展目标、能力专长和所面临的挑战。这些都有助于提高团队的透明度,让管理者和员工使用一致的、客观的语言,进行更卓有成效的对话。

凯茜说："OKR 确实帮助团队定义了成功的样子和成果的标准。""这使管理者能够提前帮助员工设定目标方向并明确期望，如果员工没能如愿实现这些期望，那么就需要和员工进行更富有成效的对话。"

所有团队级 OKR 都会向上对齐到公司级 OKR，旨在让员工看到他们的日常工作，是如何作用并影响到公司的战略方向和整体发展的。同时，以 OKR 为轴心进行记录和管理，让组织中的所有成员——从高管团队到一线员工——都可以轻松地跟踪目标的进度并确定任务的优先级。

总体而言，WORKSOFT 公司使用 OKR，已经看到了生产力提高的效果，同时，公司计划对员工开展一系列定性和定量的调查，根据员工的体验感和满意度来进一步评估效果。凯茜表示，尽管公司努力采用量化的手段来衡量公司的总体价值提升程度，但是她已经看到员工的信任和热情有了巨大的提升："现在，先用感觉来衡量吧！"

明确目的、起草目标和建立度量，这些步骤都可以进入"已完成"状态。但是，创建组织变革的过程，并非如此，那是一个持续的"进行时"状态，需要赞助者、拥护者以及组织中的其他成员，共同的承诺和不懈的努力。

你要把这种承诺落到实处：会议签到、文档记录和定期审查。如果你没有承诺，很容易就会放弃。一旦你郑重地承诺了 OKR 的流程，促进了广泛的采用和实施，OKR 可以带你"一飞冲天"，推动业务的增长，获得实际的成果。

在本书的下一节，你将学习如何通过最佳实践，把 OKR 的业务节奏落到实处，以有效地开展和实施 OKR 项目。

—— 第四部分 ——

IV

OKR 的项目管理

要让你的组织从 OKR 实施中获益，就不能是"写完就忘了"的一次性操作，而要在你的业务和组织文化的中心，采用分步走的"进阶法"，逐步建立起 OKR 的轴心地位。在这个过程中，你也会随着时间的推移，持续地迭代和成长。

我将基于组织的"OKR 成熟度模型"，来介绍这种逐步升级的"分步进阶法"，具体如下页图所示。

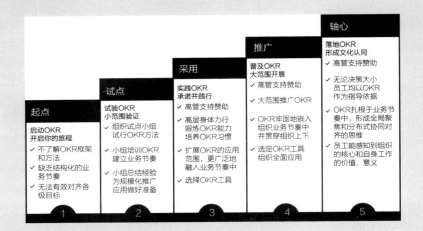

起点	试点	采用	推广	轴心
				落地OKR 形成文化认同 ✓ 高管支持赞助
			普及OKR 大范围开展 ✓ 高管支持赞助	✓ 无论决策大小 员工均以OKR 作为指导依据
		实践OKR 承诺并践行 ✓ 高管支持赞助	✓ 大范围推广OKR	✓ OKR扎根于业务节 奏中，形成全局聚 焦和分布式协同对 齐的思维
	试验OKR 小范围验证 ✓ 组织试点小组 试行OKR方法	✓ 高层身体力行 锻炼OKR能力 培养OKR习惯	✓ OKR牢固地嵌入 组织业务节奏中 并贯穿组织上下	✓ 员工能感知到组织 的核心和自身工作 的价值、意义
启动OKR 开启你的旅程 ✓ 不了解OKR框架 和方法	✓ 小组培训OKR 建立业务节奏	✓ 扩展OKR的应用 范围，更广泛地 融入业务节奏中	✓ 选定OKR工具 组织全面应用	
✓ 缺乏结构化的业 务节奏	✓ 小组总结经验 为规模化推广 应用做好准备	✓ 选择OKR工具		
✓ 无法有效对齐各 级目标				
1	2	3	4	5

任何一个能推动组织发展的强健的OKR项目，都有以下几个共同特点。

● 全员应用

当团队中只有一部分人知道并使用OKR时，你无法从全体的一致性和透明度中获益，而那正是OKR的优势所在。应该让全员都了解OKR，知晓公司是如何使用OKR的，以及他们可以如何参与其中。

● 巩固文化

OKR不应成为隔岸观火的"马后炮"，而应成为组织日常生活的一部分。OKR这一术语及其概念应该成为组织的通用语言，员工应该使用OKR作为优先事项的决策指南。

● 高管赞助

要在组织范围内应用OKR，最关键的是让高管以身作则。高管应该树立正确使用 OKR 的榜样，并鼓励员工也这样做。这在实践中意味着什么？高管必须定期分享 OKR，以 OKR 作为他们思考和经营业务的核心，从在全公司范围内会议上的讲演，到他们如何对部门领导提出问题。

● 建立节奏

只有当你用 OKR 来推动所做的决策，落实到具体的工作时才有价值。这要通过稳定的会议和对话节奏来实现。OKR 的进程管理节奏可以是每天、每周、每月和每季度的组合，通过日常大量的触点，不断地提醒和推动员工执行。一个完全成熟的 OKR 体系有良好的节奏，不仅明确设定公司全年的关键会议，也会提前规划好本季度的团队会议。

需要注意的是，你不必为了迎合 OKR，而额外增添一套全新的会议。推荐的做法是，对现有的会议节奏进行修改，把 OKR 纳入其中，如每周状态会议、每日站会或电子邮件更新，均以最新的 OKR 进展情况通报开始。

● 提高组织透明度

OKR 应该是透明的，并且整个组织都可以访问，在一定程度上，这对你的组织来说是可实现的。一些敏感的 OKR，如上市公司的财务信息，可以设置只对管理层可见。但一般来说，绝大多数 OKR 应该是全员可见的。

提高透明度原本就是组织使用 OKR 的目的之一，道理大家都明白，只有当我的团队了解你的团队在做什么、为什么这样做，以及我们的努力如何相互关联时，每个人才会更加投入和协作，才更加容易理解和实现公司的目标。

● 提升组织一致性

个体目标应该与总体目标保持一致，这样员工才能在整个组织范围内跟踪他们的工作。通过了解管理层的战略方向，员工能够更好地理解如何制定自己的目标，以符合组织的愿景和期望。

● 加强学习和反思

在每个周期结束时，OKR 评分应该与深度的反思练习同时完成，旨在评估团队和 OKR 的效能。复盘过程非常重要，可以评估下一周期采取哪些不同或更好的措施。

● 专门的 OKR 项目管理和变革管理

OKR 项目的管理者，应由有专门的时间进行沟通、优化流程、邀请利益相关者参与和持续改进计划的人来担任。至关重要的是，OKR 项目团队应该有自己的 OKR，以衡量项目如何有效地给组织带来价值。与敏捷专家（Scrum Master）一样，当 OKR 内化成为组织结构的一部分时，就不那么强调专门的项目管理角色了。

以上所有的要素，在 OKR 正确实施后，将汇集到一起，使你的组织臻于完整的 OKR 成熟——这是最理想的状态。

在本节中，我提供了组织走向 OKR 成熟之路的基本要素，首先列出了关键角色——OKR 教练、导师、团队管理者和个人贡献者——最终，以一个循序渐进的过程，将 OKR 完全融入组织中。

——第二十二章——
OKR项目的
关键角色
22

为了让OKR推动整个组织的发展，有几个关键角色需要特别关注。在本章中，我首先概述广泛的利益相关者，然后深入探讨其中五个具体角色：OKR导师、OKR教练、团队管理者、个人贡献者和人力资源领导者。

第一个关键角色是OKR**导师**，他是OKR项目能否成功的灵魂人物。他是公司的领路人，知道OKR的价值，通过OKR给组织带来（积极的）变革之风。他致力于让其他领导者看到共同愿景，并定期与OKR教练沟通，确保领导团队提供了必要的指导和支持，将OKR植入组织的基因中。

公司一把手或部门一把手通常是CEO或部门领导，无论他们是否为发起人，都将推动员工对OKR的价值认同，并通过起草组织范围的OKR来设定方向和基调，确保在公司层面定义清晰且可操作的优先级。

战略和运营领导人通常是COO或CSO（首席战略官）主要负责整个组织的变革管理和运营效率，包括战略性和策略性对齐。

人力资源高管通常是集团的 CHRO（首席人力官），主要负责员工敬业度方面的价值认同，同时要能够阐明 OKR 目标管理与绩效管理、薪酬考核的关系。

第二个重中之重的关键角色是 OKR **教练**，他是 OKR 项目的连接器和发动机。在企业中，通常由几个来自不同部门的 OKR 教练，组成跨部门的 OKR 项目团队。OKR 方面有问题吗？找他们就对了！

IT 领导者通常是集团的 CIO（首席信息官），是部署 OKR 软件解决方案和保障相关软件工具可用性的重要合作伙伴。

团队管理者是组织变革中同等重要的力量，他们确保团队接受了系统的 OKR 培训，并积极参与到 OKR 的撰写、OKR 的管理、OKR 的评分和复盘流程中。

最后，还有**个人贡献者**，也是你的最终用户，你要确保他们接受并定期使用 OKR 进行目标管理。如果个人贡献者感受不到 OKR 对他们的价值，那么这将是组织发展的瓶颈，也是你要打破的瓶颈。这时你就要调用 OKR 教练、OKR 导师和团队管理者等资源，帮助你打通这个环节。好消息是，你再也不用两眼一抹黑了。有效的 OKR 软件能让你从一开始就全面、直观地了解组织整体的应用情况和进展情况，由此，你可以适时做出必要的调整以继续前进。

接下来，让我们深入探究一下这些关键角色。首先，从 OKR 导师开始。

OKR导师在项目中的作用

OKR导师

✓ 认同OKR的重大价值
✓ 始于OKR的起点阶段
✓ 推动组织的全体参与
✓ 有强大的组织影响力

作为组织的高层领导者，OKR 导师的职责是以身作则并提供支持，让 OKR 目标管理法能够融入组织的基因中。

最高领导层要认同 OKR，这是关键。一把手（创始人或CEO）要将成功实施 OKR 作为最高的优先级，并定期在整个组织中传达这一信息。在大型组织中，较大的部门或事业部，可以先作为实施 OKR 的"种子队伍"。

OKR导师

OKR导师是经营领导层的成员，能够为整个OKR项目提供强有力的支持和支援。

职责：	要求：
✓ 向公司全体员工展示OKR的作用和价值	✓ 时间投入：平均每周两小时
✓ 将OKR整合到组织的管理和领导方式中	✓ 进行OKR教育，可将本书与《这就是OKR》《OKR工作法》作为理论指导
✓ 身体力行并积极为OKR项目站台	✓ 定期和OKR教练沟通，了解情况，收集反馈并解决问题
✓ 确保对OKR项目给予足够的资源和投资	

建议：至少有一名OKR导师

在 OKR 项目中，作为一名胜任的 OKR 导师，关键是要做好以下四大重点工作。

1．传达 OKR 的价值和重要性

由 OKR 导师向组织全员传达 OKR 的重要性，帮助每一个团队成员理解为什么 OKR 对组织的成功至关重要，以及他们将如何与新的文化相联结。这主要包含以下活动：

- 在组织范围内开启关于 OKR 和领导力发展的对话，并展现出对 OKR 和领导力发展的热情。
- 确保所有员工都非常明确公司为什么要引入 OKR，以及他们将如何从中受益。
- 将 OKR 作为共同语言和沟通媒介，包括书面沟通和会议报告，强化 OKR 的轴心地位。

2．与高管团队共同起草 OKR

制定出公司今年最重要的 3~5 个 OKR 目标。作为 OKR 导师，你要有以终为始的思维，让 OKR 与公司的使命和愿景从根本上联结起来。思考一下：你的公司，今年要取得什么成果？为了实现这些成果，每个事业部、部门或团队的首要关注点应该是什么？每个部门级的目标如何与公司整体的使命和战略相联系？

澄清以上问题，是 OKR 导师和高管团队的责任所在，并应由此制定出公司今年最重要的 3~5 个 OKR 目标。

一旦 OKR 导师和高管团队决定了公司今年的前 3~5 个 OKR 目标，接下来就是确定公司的季度 OKR 目标。

季度 OKR 目标应与年度 OKR 目标保持一致，并为组织的所有团队提供指导，引导他们应优先考虑哪些工作。

3．积极使用 OKR 来推动业务

OKR 导师负责把 OKR 扎根到公司的业务节奏中，这可以通过以下活动来实现，比如：

- 定期在组织中公开地分享 OKR 及其进展情况，比如通过"市政厅大会"和公司全体会议。
- 将 OKR 作为领导层团队会议和工作汇报的核心内容。
- 支持并定期对员工进行与 OKR 相关的培训。
- 经常询问和检查 OKR 的进展情况，然后正面地解决问题。

做功于此，影响重大。这不仅能促进现阶段 OKR 项目的成功实施，随着你的"OKR 成熟度模型"不断前进和进阶，也会对后续 OKR 的推广落地和公司的健康发展产生巨大的推动作用。

4. 保持耐心并且提供支持

如果你的团队都是 OKR 新手，他们刚开始使用 OKR 的时候，可能有一段"过山车"时期，要经历各种变化带来的不可避免的起伏。要想让 OKR 成功落地，你能做的最好的事情，就是充当团队的啦啦队队长，帮助他们跨越鸿沟。这一革新过程可能需要几个周期，但最终 OKR 将带来显著的长期效益。

作为 OKR 导师，你是高管团队甚至是更大范围的团队（在 OKR 教练团的协助下）遇到问题和障碍时的参谋长。

这意味着：

- 帮员工做减法，让员工专注更少的事情，包括避免要求团队成员承担与公司 OKR 无关的工作。
- 设立定期沟通机制，与 OKR 教练团保持信息同步，根据他们从大团队那里所接收到的反馈，采取相应的行动。
- 建立并加强"成长型思维"的组织文化，而不是维持现状——同时明确表态，只要 OKR 足够"大"，即使没有达到 100%，达到 70% 也很了不起。

作为 OKR 导师，还需要提出一些棘手的问题，以打开正确的对话，推动业务向前发展。

OKR 导师要勿忘使用 OKR 的初衷：确保每个人都聚焦于最重要的事，从高层领导到团队主管，再到个人贡献者均需如此。这个过程包括要提出艰难和尖锐的问题，打开之前觉得"烫手"的话题。这些问题包括：

- "这件事情与哪个 OKR 相关？"当讨论要不要引入新项目或新举措时——甚至在讨论资源分配和招聘时。
- "我们该如何调整优先级，以适应新的 OKR 要求？"向其他领导者明确地表示，在 OKR 的支持下，公司坚持不懈地专注，始终做最重要的事情。
- "我们为什么不能在这个 OKR 上面取得更多进展？"提供一个安全的空间，以获得最大的清晰度，同时要敢于问责，确保领导层和各个层级都承担起责任。

OKR教练在项目中的作用

OKR教练

✓ 热衷于目标管理和推动组织变革
✓ 始于OKR小组试点阶段
✓ 推行OKR项目，进行OKR培训
✓ 团队内部OKR先锋、大使和专家

OKR 教练承担着许多重要任务，他们不仅要启动 OKR 项目，还要推动整个组织和所在部门践行 OKR。他们来自一个跨职能的团队，比如在大型组织中，一般会设置专门的 OKR 教练团，他们不仅对员工进行 OKR 培训，确保 OKR 在系统中健康发展，同时还要对团队进行赋能，让大家对 OKR 保持激情和兴奋感。在小型组织中，也可以由某一个人来承担这个角色，推动整个过程。无论如何，这是 OKR 项目中极其关键的角色。如果没有 OKR 教练推动团队成员前进，保持恰当的节奏和流程，OKR 将很难落地。

OKR教练

OKR教练在OKR项目的启动、推广、普及和可持续发展方面，发挥着至关重要的作用。他们是不同部门和团队之间的连接器，帮助维护OKR程序正常运转。

职责：	要求：
✓ 协助其他领导者传达变革背后的愿景	✓ 时间投入：平均每周约两到三小时
✓ 教练培训同事掌握OKR方法论和软件	
✓ 引导OKR会议，主要是共创和复盘会	✓ 一般由高潜员工担任，要求好奇心强、善于倾听、擅长解决问题和建立良好的人际关系
✓ 保障OKR品质，内容清晰且逻辑缜密	
✓ 指导并帮助人们获得有用的资源支持	✓ 获得高层领导的支持和赞助
✓ 持续改进和优化团队的OKR应用实践	✓ 完成和OKR相关的软件培训

建议：每15至50名员工中就有1名OKR教练

在 OKR 项目中，作为一名胜任的 OKR 教练，关键是要做好以下四大重点工作。

1．成为 OKR 的沟通中心

OKR 教练通过传递"看见的力量"，让组织中的每个人，无论其级别或角色，都理解彼此的关注点和工作价值，从而提高透明度，促进组织发展。

OKR 教练与管理者和领导团队合作，为团队之间的开放沟通和持续反馈奠定了基础。他们还帮助团队清除各种障碍以及其他可能遭遇的意外挑战。

2．设定组织对 OKR 的预期

OKR 教练的另一个关键职责，是为整个 OKR 项目设定预期，包括计划、检查签到、周期审查、节奏和时间表。

OKR 教练负责指导组织完成以下流程：

 **规划：每季度初**

✓ 根据公司的OKR，定义部门OKR

✓ 创建并对齐团队OKR、个人OKR

 **执行：整个季度**

✓ 评估OKR的整体进度，并与高级管理层讨论评估

✓ 解决有风险或偏离轨道的OKR，尽可能纠正航向

 **复盘：季度结束**

✓ 与高级管理层一起审查绩效，总结成败得失和经验教训

✓ 定义新的季度OKR

领导者和个人都需要清楚以上流程，这样 OKR 才能成为通用的工作流程和集体共识的一部分。这不像在季度初发封电子邮件那么简单，OKR 是一个不断增强的飞轮，需要通过每周、每月和每季度的会议，不断强化其重要性。

这还包括和 OKR 导师定期会面，反馈信息，并根据 OKR 的开展情况，提出必要的调整或新的沟通建议。

3．提供培训并敦促担责

OKR教练还负责促进聚焦，并敦促团队（无论哪个级别）承担责任。OKR教练还要不断强调OKR对齐的重要性，以及落地执行的重要性。他们还要积极主动地培训团队，让每个团队成员理解目前所做的工作与公司整体OKR之间的关系。要记住，OKR原本就是组织不可或缺的战略功能，而不是为了增加员工工作量的额外任务。

4．庆祝OKR所取得的胜利

OKR教练不要吝于庆功和表扬。要多庆祝OKR过程中产生的进步和创新。通过鼓舞动力和激励创新，团队会更加积极地投入其中，形成正向循环，创造更大的动能。一定要记录这些庆典时刻，以便日后有需要的时候回顾。

OKR教练就是超级用户，他们了解OKR的来龙去脉，能够支持公司因地制宜地使用OKR。OKR教练帮助公司成功地推行、实施和落地OKR。通常，一家公司内会有若干名OKR教练，人数的多少取决于公司的规模。他们通常来自组织中的不同部门和领域，为不同职能和岗位如何应用OKR出谋划策。

——乔·奥廷格，OKR顾问

团队管理者在项目中的作用

团队管理者
- ✓ 管理和加强团队对OKR的应用
- ✓ 始于OKR启动阶段
- ✓ 积极参加并安排OKR相关培训
- ✓ 注重以影响力为导向的领导者

团队管理者要让团队成员清楚地了解他们需要推动的OKR，以及他们需要做的工作，从而产生最大的影响力。团队管理者对OKR的落地和战略目标的成功，发挥着重要的作用。

团队管理者在团队实施OKR的过程中，承担着老师、领队和大使的角色，他们通过关键成果管理团队，促使团队实现战略目标。他们帮助团队消除障碍，让团队专注地实现目标，并且主动管理、防范风险。

团队管理者

团队管理者是组织中特定团队的领导者，代表某种职能和员工群体的工作组长。

职责：	要求：
✓ 团队管理者是组织领导的代言人，负责上传下达OKR	✓ 时间投入：平均每周约两到三小时
✓ 作为OKR的主力军，承接或共同承接大部分的OKR	✓ 在团队范围内创建OKR，对员工进行一对一辅导
✓ 作为OKR的领队，以身作则，为团队树立践行OKR的榜样	✓ 为团队提供相关的资源和指导
✓ 直接为下属提供机会，不断提升他们的OKR水平	✓ 参与OKR反馈回路的关键环节

在OKR项目中，作为一名胜任的团队管理者，关键是要做好以下四大重点工作。

1. 积极参与并安排团队的OKR培训

OKR很大程度上是对团队做事方式的改变，将重点从关注活动/任务输出，转移到关注影响/价值产出。团队需要接受一定的培训，才能尽快上手使用OKR。OKR领队要和OKR教练紧密合作，为团队提供OKR培训，推动OKR训练。

向团队成员展示你的投入程度，通过在培训中提出问题，在会议上跟进，看看团队成员是否有任何突出的问题，从 OKR 的撰写问题到软件工具的应用问题均可。

2．创建与公司 OKR 对齐的团队 OKR

团队管理者应该接受团队的意见，让每个人都能参与到这个过程中，然后认真仔细地打磨团队的 OKR，以激发和鼓励团队朝着雄心勃勃的目标迈进。

3．适时帮助团队成员构建个人 OKR

在与团队成员分享了团队共同的 OKR 后，团队主管可以在时机成熟时，帮助团队成员构建个人的 OKR，通过明确的截止日期和日常的进度签到，不时查看大家需要什么样的支持，特别是当组织处于"OKR 成熟度模型"的早期阶段时。

个人的 OKR 不必操之过急，在做好团队的 OKR 之后，再来做个人的 OKR。

4．建立和维护适配 OKR 的团队仪式

在公司、团队和个人层面的 OKR 被全面构建好之后，团队管理者负责将 OKR 的运作标准化，作为日常工作对话和仪式的一部分。这包括：

- **一对一会谈**："可以调出你的 OKR，看看进展如何吗？"
- **专门的 OKR 签到**："伙伴们，下周我会安排和你们（个人或团队）做 OKR 进度签到，看看我能怎么支持你们。"
- **评分和复盘闭环**："伙伴们，记得关闭你们的 OKR，我们要在下一次团队会议上，回顾本季度的'进球'情况——我们的目标实现了多少？"

- **经常在团队会议上引用 OKR**："让我们快速过一遍并更新每个人的 OKR 进展情况。""让我们根据本季度的 OKR，来决定是否应该关注这一点。我先把 OKR 调出来。"

个人贡献者

在本节中，我除了介绍个人贡献者的角色外，更着重阐述如何让 OKR 项目对他们产生价值。他们的认可和参与，最终对使用 OKR 培养富有成效的成长型思维至关重要。

个人贡献者在 OKR 流程中发挥着关键作用。策略和任务有赖于每个人的执行，方能实现公司的使命和目标。这些是重中之重的工作，为了使 OKR 流程有效，必须定期、全面地记录和衡量这些工作的成果。因此，本书英文书名的内涵是"给所有人的 OKR"（OKRs for All），而不是"只给领导层的 OKR 或某些人的 OKR"（OKRs for Leadership or OKRs for Some People）。

确保团队中的每个成员都能理解并能"发声"，积极参与使用 OKR，是使 OKR 项目成功的最好方法。如果员工没有自己的 OKR，不仅会觉得自己与公司的使命没有联系，而且会觉得所做的工作也与公司的使命无关，那么这将是一场代价高昂的赌局。

虽然在 OKR 推广的最初阶段，不要求个人建立单独的 OKR，但是每个人都应该是观察者，不仅能够看到，甚至能够参与制定公司、部门和团队的 OKR。尽管员工在那时还没有个人的 OKR，但是这种开放透明的组织文化，以及员工将日常工作与更高层次的 OKR 联系起来的能力，都是至关重要的。

可以先让员工了解 OKR 的做法和节奏，这样当 OKR 推广到个人时，员工上手的速度更快，参与的程度也更高。

在 OKR 项目中，作为一名胜任的个人贡献者，关键是要做好以下四大重点工作。

1．学习 OKR

团队管理者应为个人贡献者提供成功应用 OKR 所需的专业培训和培训后的资源支持，包括检查 OKR 的进展情况。

个人贡献者应该利用好这些资源，来加快应用 OKR 的速度。如果上级还没有做这方面的培训，那么个人可以提出用专门的时间来学习 OKR，并请求相关的资源支持。

2．不耻下问

一个组织最大的奢望，莫过于拥有一群敬业的员工，他们既了解组织的发展方向，也知道如何为组织的成功作出贡献。

如果你是一名个人贡献者，请你多多提出有关 OKR 的问题。OKR 是一个极有价值的工作方法，也是一个很重要的思维转变，但是它有些复杂，一开始你需要花一些时间去适应，这个过程就像你习得任何新的系统或学习路径一样。而且很多问题是共性的，如果你对 OKR 有疑问，那么"你旁边的人"或许也会有同样的疑问，那不妨就从我问起吧！

3．经常签到

我经常看到的一个错误是团队成员一开始花费时间和精力撰写了 OKR，却没有花时间和精力去管理 OKR。结果，随着时间的流逝和其他事物的干扰，他们停止了对 OKR 的追踪。这违背了 OKR 的初衷，即通过极度的专注，让他们更接近目标。

可以设置日历提醒或使用 OKR 软件自带的自动化工具，确保自己定期做 OKR 进度签到，而不是当季度快结束时，或老板问起你的 OKR 进度时，才临时抱佛脚。通常到那个时候，再想做必要的调整和校准，已经为时太晚了。

4．给予反馈

既要多多提问，也要多多反馈。要记住：反馈是一份礼物。如果你发现在 OKR 使用上存在挑战，或者上级对你的期望不明确，那么请向管理者给予反馈，这么做能够让你和你的组织，持续提升 OKR 的成熟度曲线。

人力资源领导者

人力资源领导者对任何组织的成功都是不可或缺的。作为人力资源领导者，你的职责包含继任计划、人才管理、变革管理、绩效管理、培训和发展诸多方面。那是一系列巨大的责任，尤其是在当下，组织及其员工都面临着巨大的挑战。

人力资源领导者需要参与 OKR 项目，主要基于以下几个原因：

（1）人力资源部门是组织中为数不多的、能够连接整个公司的职能部门之一。如果想让员工拥护 OKR，那么首先要确保人力资源领导者支持并协助这项计划。

（2）人力资源部门通常有专门的培训预算和资源。实施 OKR 就像锻炼一块新肌肉，如果你需要培训整个组织，那么人力资源（HR），或者更准确地说，HR 的学习和发展团队就是一笔巨大的资产。

（3）从员工的角度来看，他们关心的首要问题可能是"OKR

如何影响我的考核、薪酬等？"。这时，你需要和 HR 统一说法，指导员工明确有关 OKR 目标管理和绩效管理之间的关系和区别。要避免说法不一、互相矛盾，影响 OKR 的推行。

（4）团队管理者需要 OKR 的支持。他们不仅要在工作中应用 OKR，也是 OKR 检查和更新时的焦点。HR 应确保团队管理者通过教练和培训获得应有的支持，让他们学会如何变得更有战略思维，以及成为一名积极主动的团队教练。

由于有高达 48% 的美国员工都在积极地寻找新工作，人力资源领导者无时无刻不在为员工的外流做好准备。这种现象在劳动力市场中非常普遍，因此被称为"辞职大浪潮"。

导致员工辞职大潮高涨的主要原因之一，是组织让员工缺乏参与感，由此导致敬业度低迷。只有 36% 的员工表示，他们觉得自己的工作值得投入，这就难怪有这么多人在考虑离开岗位，去寻找一些令自己更满意的工作。

这也印证了普华永道（PwC）的一项调查：2021 年 HR 主管最主要的工作，是应对"辞职大浪潮"问题：

（1）90% 的 HR 主管表示，协调业务、组织发展和人力资源的优先事项很有挑战。

（2）66% 的 HR 主管表示，获取高质量和可信的员工数据，是中等或重大的挑战。

（3）37% 的 HR 主管表示，留住员工是他们在接下来的 6 个月中的首要任务之一。

使用 OKR 的组织，可以看得到员工敬业度的提升、盈利能力和生产力的提升以及组织协调能力的提升。他们还能够收集到所需的数据，及时地把脉和诊断组织的情况。

在 OKR 项目中，作为一名胜任的 HR 领导者，关键是要做好以下四大重点工作。

1. 建立团队之间的一致性

当员工能够清楚地看见自己的日常工作和组织的大局蓝图、战略目标之间的关系时，他们才更可能专注、投入、富有成效地工作。而且不仅仅是个人的工作，还有跨团队和跨职能的工作，都需要与组织的使命和目标联结起来。

在建立 OKR 时，有三种可以在团队之间建立一致性的方法：

- **帮助跨职能团队协同工作。**作为 HR 领导者，你已经处于关键业务部门的战略顾问和连接器的位置上。利用这种影响力，促进各个职能的领导者，从一开始就进行跨团队 OKR 对齐。这意味着在规划周期开始之前，大家先彼此会面讨论优先事项。

- **定期召开"市政厅大会"。**全员会议是绝佳的机会，可以确保每个人——是的，每个人！——了解组织的使命、愿景和价值观。这些基本要素是公司的根基，始终把它们放在首位，有助于确保 OKR 与大局保持一致。

- **确保上下级联并对齐 OKR。**如果某些高层领导在创建 OKR 上耽搁了，要提醒他们，只有他们明确了战略目标，下级部门才有成功的基础。如果某些领导总是拖后腿，那么可以和 OKR 软件管理员合作，在每个周期规划的关键节点上，通过 OKR 软件解决方案，设置自动的日历提醒。

2．确保整个组织的透明度

从目标筒仓，到数据筒仓，再到信息筒仓，当今的工作面临着多方面的"筒仓制约"。当这些影响业务的核心要素，发生在部门或职能之间的真空地带时，会限制组织拥抱机会、应对风险和快速适应变化的能力。透明是筒仓的解毒剂。以下是保障 OKR 透明的方法：

- **邀请全员参与。**即使不是所有员工都在积极创建 OKR，他们也至少能够看到组织的 OKR 目标。我甚至见过零售企业将 OKR 用于门店管理，营销团队将其用于代理商和合作伙伴，网络团队将其用于外部开发人员等。

- **共享"为什么"。**如果员工领会为什么自己的工作被列为公司或团队的优先级，他们会更加全情投入地去实现目标。管理层要与 HR 团队开诚布公地分享，设立这些优先级背后的思考过程，并鼓励其他领导者也这样做。

- **指引目的地。**OKR 不仅需要透明，也需要明确方向。变革管理或许很艰难，但 HR 领导者，要有能力让员工轻松参与其中。随着 OKR 项目的发展和成熟，务必及时、如实地向员工传达信息，让他们知悉变化的原因。

3．推动个人的绩效管理

大家很容易将 OKR 目标管理和个人绩效考核联系在一起，但要重点牢记的是：OKR 是目标管理，不是绩效考核，真正的 OKR 目标应当是雄心勃勃的理想追求。也就是说，目标的进展不一定关联到员工当前的绩效考核。反之亦然，员工的绩效考核不能够只凭当前的目标进展来评定。

- **区分 OKR 目标管理与人力资源的绩效管理**。虽然公司的 OKR 战略目标管理和人力资源的绩效管理紧密相关，但明确的区分很重要：不要将 OKR 目标的设置和得分，与绩效考核及薪酬直接挂钩。把目标拿来考核的做法，只会导致员工"隐藏实力"，最终损害公司的业务增长和长远发展。

4. 围绕 OKR 建立积极的员工体验

启动和运行 OKR 项目是一回事，确保全员积极参与则是另一回事。然而，每一位员工都投入且积极地去实现既定目标，这对 OKR 项目的成功至关重要。虽然一线管理者会承担大部分的 OKR 日常工作，但作为人力资源领导者，你依然可以帮助推动 OKR 在组织范围内的改进，从而为员工创造卓越的应用体验。

以下是 HR 领导者如何协助推动 OKR 项目开展的一些技巧：

- **发布年度日历**。这样，人人都可以看到 OKR 计划何时开始，月度检查何时发生，季度评分和复盘何时进行。
- **进行全员培训**。对领导者、团队管理者和个人贡献者进行培训，这确保所有员工都了解如何根据其角色要求，最大限度地用好 OKR 方法和 OKR 软件。
- **采用集成平台**。在 OKR 项目中采用 OKR 软件的主要好处是，可以将 OKR 流程集成到组织日常的运营系统中，比如，可以在 Slack 群组或 Teams 工具中进行更新。这使检查签到自然成为一种习惯，有助于 OKR 的推行。

可选角色：IT 管理

在许多方面，IT 管理团队围绕着 OKR 项目推动员工体验。

89%的CIO认为自己是变革推动者，在改善组织文化方面发挥着作用。作为混合办公模式下的IT管理人员，要善于利用技术来增强协作、提高生产力和员工体验。

然而，近1/3的CIO和CTO（首席技术官）担心没有合适的技术工具来支持混合办公。成功的CIO明白，他们角色的作用和价值，不仅在于选择和部署新的技术平台来满足眼前的需求，更在于通过专业技术，引领组织实现其整体的战略目标。换言之，当信息战略超越技术本身，着眼于促进组织最重要的目标对齐和执行时，IT部门将会推动组织蓬勃地发展。

在OKR项目中，作为一名胜任的IT专业人员，关键是要做好以下四大重点工作。

1．为部门协同搭建桥梁

将战略计划转化为实际成果并非易事。然而，当整个组织都围绕着组织长期和短期的最重要的产出进行协同时，战略落地会更加容易。这正是OKR的作用所在：OKR定义了你想去哪里，你将如何到达那里，并让每个人负起责任。

在构建OKR时，你可以使用以下三个技巧，让团队专注于成果和价值产出：

- **限制团队的OKR数量：在任何给定的规划周期内，每个部门仅允许创建3~5个OKR目标**。超出这个数量的话，很容易陷入"写完就忘了"的风险中。保持专注才能产生最好的结果。
- **检查目标之间的关联度：当发现管理者和领导者的OKR与组织整体的战略规划不一致时，要"退回修改"**。IT管理团队应该始终能够清晰地描绘各层级目标的预期结果，并把它们映射到组织的战略优先级地图上。

- **确保 OKR 数据有负责人：每个 OKR 都对应某个唯一的所有者。** 虽然同一个 OKR 经常需要不同的团队协作，以实现一个共同的成果，但即使在这种情况下，一个 OKR 也应该只有一个明确的总体所有者，以加强问责制。

2．指导并协调技术团队

成功的 IT 管理专业人员，会通盘考虑如何实现组织最高级别的协作。当团队能够互相看见并理解彼此的目标时，组织能更好地适应未来的发展需要。一旦组织设定了战略目标，接着就要构建关键成果、关键策略和项目任务了——也就是你计划如何实现你的战略目标和关键成果。

以下有三个提示，帮助你建立和强化战略目标、关键成果、关键策略和项目任务的所有权：

- 使用 OKR 软件关注进展情况，并在组织的最高层级上保持一致性。如果你注意到某个与 IT 相关的目标落后了，那么请尽快抽出时间与该 OKR 所有者碰面。
- 定期召开检查会议。如果不加强检查签到，协同就会失效，所以要确保团队每月至少召开一次会议，检查 OKR 的进展情况。IT 管理者应该参加这些会议，有助于弥合你所熟悉的高层战略会议和一线管理之间的差距。
- 在撰写关键成果时，使用以下公式确保每个成果都可以根据度量进行跟踪，并与行动（关键策略或项目任务）相关联。这也是评估战略是否有效的方法。关键成果通常是一个可衡量的指标（数字），尽管在某些情况下是一个里程碑

（完成百分比）。最好避免无法测量的结果，如交付日期或二元选择（是／否）指标。

OKR 公式

我要达成 ×× **战略目标**，通过 ×× **关键成果** 来衡量，通过 ×× **关键策略** 来实现。

---

3. 推动和支持技术培训

让领导团队在业务重点上达成一致是一回事，让他们执行这些业务重点则是另外一回事。事实上，每个团队成员每天都朝着这些目标努力奋进，这对 OKR 项目的成功才是至关重要的。

IT 管理团队可以影响组织的文化，帮助对齐组织的战略，从公司最高层开始，使战略目标与日常工作联系起来。这里有三个提示，通过推动和支持整体的技术培训，帮助你创建一种协同优先的文化：

- **成为 OKR 教练**。采用新方法需要动力。OKR 教练能持续推动和激励员工使用 OKR。通过不断研习 OKR 的来龙去脉，成为组织的 OKR 教练。与最高层分享你的专业知识，并制订在组织中成功推广和运行 OKR 的计划。

- **通过 OKR 软件实现流程自动化，使 OKR 的规划和跟踪更简便**。通过软件整合 OKR 数据，可以帮助 IT 管理团队深入了解所有部门的目标进展情况，也有助于 IT 部门设定自己的目标，从而为整个组织的成功作出贡献。

- **优先考虑 OKR 软件培训**。IT 管理团队处于独特的位置，可以帮助组织成功采用 OKR 软件程序，同时保障员工接受正确的软件培训并顺利操作。IT 管理团队的第一个 OKR 目标，就是确保所有员工都掌握并使用 OKR 软件。

4．重视敏捷开发和执行

今年，43% 的首席信息官和首席技术官都受到不断变化的经营环境影响，要对战略计划进行调整，不过这没关系。因为 OKR 规划应该始终是一个流动的、敏捷的过程。但是，一旦确立了 OKR 目标，你就有责任确保在正确的方向上取得进展。有时，目标也会有变更的情况。比如，出现了更高价值的优先事项，或者原来的目标很明显已行不通了，或者你有新的洞见提示你需要修改目标了。

IT 管理团队可以从进度签到所收集的数据中，分析出哪些目标可以正常进行，哪些目标可能会落后。有了这些信息，你就可以清楚地把脉：战略执行是否还在正轨上？是否有必要改变方向？

这里有三个技巧，可以助推 OKR 的规划过程：

- **利用 OKR 数据，管理资源分配**。OKR 最强大的一点在于，它让你专注于优先要务。如果发现某个 OKR 正在偏离正轨，你可以及时介入，重新分配资源或消除障碍，以使目标重回正轨。

- **拥抱集成平台，推动 OKR 采用**。在 OKR 项目中使用 OKR 软件的主要好处是，可以将 OKR 流程集成到组织的运营管理系统中，结合日常使用的其他沟通工具，使查看进度成为一种习惯，并有助于推动 OKR 的采用。

- **保持即时沟通，适时调整 OKR**。提醒团队，他们可以视需要改变路线，以达到期望的成果。OKR 是灵活的，如果情况有变，应该与时俱进。谨记这一点，可以帮助每个人朝着正确的方向前进，减少无效和无谓的工作。

——— 第二十三章 ———
步步为赢，
启动OKR
23

至此，我已经剖析了OKR成功的关键要素和OKR项目中的关键角色。现在，我将带你通过"步步为赢"指南，正式在组织中启动OKR。

第一步：从OKR成熟度模型开始

你可以使用OKR成熟度模型，来确定你目前的位阶（或没有位阶），然后看看你有多少进步的空间。

让我为你更详细地介绍一下OKR成熟度模型中的不同阶段。

第一阶段，是**起点阶段**。如果你的组织处于初始启动阶段，那么OKR的使用还有待激活。你之前可能已经在组织或团队层面，应用了某种任务管理和/或目标设置系统，但还没有一个全员通用的、结构化的全局目标管理方法。

起点	试点	采用	推广	轴心
启动OKR 开启你的旅程	试验OKR 小范围验证	实践OKR 承诺并践行	普及OKR 大范围开展	落地OKR 形成文化认同
✓ 不了解OKR框架 和方法	✓ 组织试点小组 试行OKR方法	✓ 高管支持赞助	✓ 高管支持赞助	✓ 高管支持赞同
✓ 缺乏结构化的业 务节奏	✓ 小组培训OKR 建立业务节奏	✓ 高层身体力行 锻炼OKR能力 培养OKR习惯	✓ 大范围推广OKR	✓ 无论决策大小 员工均以OKR 作为指导依据
✓ 无法有效对齐各 级目标	✓ 小组总结经验 为规模化推广 应用做好准备	✓ 扩展OKR的应用 范围，更广泛地 融入业务节奏中	✓ OKR牢固地嵌入 组织业务节奏中 并贯穿组织上下	✓ OKR扎根于业务节 奏中，形成全局聚 焦和分布式协同对 齐的思维
		✓ 选择OKR工具	✓ 选定OKR工具 组织全面应用	✓ 员工能感知组织的 核心和自身工作的 价值、意义
1	2	3	4	5

你也许已经阅读了某篇关于 OKR 的博客文章，对 OKR 概念也比较熟悉，但几乎没有实践经验。你依然根据一年或更长的时间周期来规划目标。你可能很难与各部门，用共同确定的节奏相互分享目标、进度和结果。员工也无法跟踪和衡量自身工作的价值，以及对部门或组织特定目标的贡献。

第二阶段，是**试点阶段**。在此阶段，你正在组织中验证 OKR。你正在组建一个试点小组（在本节的下一步中将详细介绍）以解决向组织的其他成员推广前，可能会遇到的问题，无论在领导层、部门或团队层，都有可能碰到。你可以利用这段时间，为后续的大规模推广做好准备，同时确定 OKR 项目计划，以便可以扩展到组织的其他地方。

第三阶段，是**采用阶段**。在此阶段，你正式采纳并承诺实践OKR，拓展 OKR 的应用程度和范围。在这个阶段，高层管理团队正在锻炼 OKR 肌肉，培养 OKR 习惯，向下属团队"种草"，灌输 OKR 思维和管理哲学，同时开始将 OKR 植入团队会议等业务节奏中，并协同共创整个组织的 OKR。

第四阶段，是**推广阶段**。在此阶段，你将 OKR 推广到整个组织，扎根到当前的程序仪式中，并创建新的文化。你正通过 OKR 训练你的团队，也选择了合适的 OKR 工具为你赋能。

第五阶段，是**轴心阶段**，这是你的理想状态——以 OKR 为轴心的自运行阶段，标志着 OKR 的真正落地。这时，OKR 形成了文化认同，不必领导事事躬亲，员工也能做出符合组织使命、价值观、战略和 OKR 目标的决策。每一个员工都能自然地提出这样的问题："这项工作对齐到哪个目标？""我应该优先哪个任务，以适应新的目标要求？""我们希望取得什么关键成果？"

换言之，组织中的每个人都非常清楚自己的工作重点、具体的工作成果以及如何与周围的团队保持协调一致。至此，OKR 已成为业务结构的有机组成部分。员工能感知到自身工作的意义和价值，并认知成功的定义和内涵。

那么，你应该如何使用 OKR 成熟度模型，开启你的 OKR 之旅呢？

- **使用上述阶段作为指导，诊断组织当前所处的位阶。**启动之前，必须实事求是，认清自己的现状和位置。
- **承诺达到"OKR 成熟度模型"中每个阶段的里程碑。**通过月度、季度、半年甚或一年，持续日积月累。谨记，OKR 的实施是一场"长期游戏"，需要努力使其适配你的组织，通过这个过程，你会收获重大回报。
- **将成熟度模型作为一个框架，用于在组织中推行 OKR 时，围绕 OKR 发起并持续对话。**这将有助于构建组织关于当前情况的对话，如关于目标设置、下一步行动或理想状态的设想等话题。例如，你可以发起对话：从 OKR 试点到 OKR 实践，你的组织还需要做些什么呢？

现在，你知道了自己的位阶、你想到达的目的地、你的进阶时间表，那么是时候决定你的 OKR 推行策略了。

第二步：了解每个 OKR 推行阶段

为了使 OKR 成为战略成功的驱动力，它们需要融入组织的业务节奏中。首先要了解成功推行 OKR 的必要步骤。

给自己充足的时间，直到把事情做好。大多数公司表示，至少需要两到三个季度，才能正确地完成 OKR 流程，即便如此，还要不停迭代和进化。

当谈到如何才能制定出"优质的 OKR"时，Formstack 公司的阿曼达·尼科尔森表示，一开始就期待完美，这是不现实的。"OKR 这项技能必须经过训练和刻意练习，接受大家写出'蹩脚的OKR'，并从'糟糕的经验'中学习"。

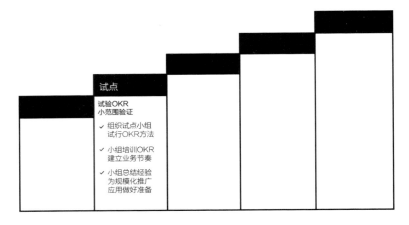

第二阶段：公司领导层——仅试点

我建议组织系统自上而下地开展OKR项目，从最高领导层开始做试点。这种做法的好处是，让员工看到高层领导全力支持使用OKR，并以身作则成为OKR典范，这也让所有重大问题，都可以在OKR推广到全公司之前得到解决。

在试运行的第一个季度，由高管团队制定并发布OKR。这时，即使部门和团队还不用建立OKR，也可以查看到整个组织高层的长期战略目标。在整个季度中，每周的检查签到被设为定例，会议议程也围绕着对OKR的衡量进行。

随后OKR进入部门和团队层级。再过一两个季度后，最后由团队管理者将OKR延展到团队成员的个人层级。

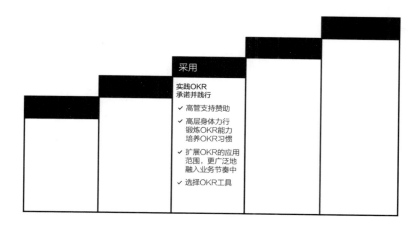

采用

实践OKR
承诺并践行

✓ 高管支持赞助

✓ 高层身体力行
锻炼OKR能力
培养OKR习惯

✓ 扩展OKR的应用
范围，更广泛地
融入业务节奏中

✓ 选择OKR工具

第三阶段：公司领导层、部门层

在高层试点取得成功后的第一个季度（或第二个季度），把OKR下沉一级到部门层。部门层的OKR应该与最高领导层的OKR

对齐一致。这时，你处于 OKR 成熟度模型中的"采用阶段"。

部门连续一到两个季度，采用每周签到的节奏，测试什么方式最有效，并在必要时做出调整。在这一过程中，部门领导要向 OKR 导师和 OKR 教练进行汇报，反馈有关 OKR 的成功经验、问题挑战和优化建议。

当高管团队和部门领导对 OKR 的运作感到满意时，就是时候制订团队的培训计划，在团队层面推行 OKR 了。

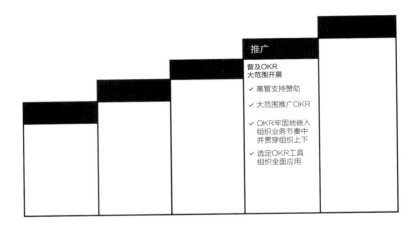

第四阶段：公司领导层、部门层、团队层

现在，你已经在领导层和部门层实施了 OKR，是时候向各个团队推行 OKR 了。这时，你处于 OKR 成熟度模型中的"推广阶段"。

此时，至关重要的一点是，为团队管理者和团队成员配备 OKR 培训，让他们了解如何撰写、跟踪和衡量 OKR。

谨记，此阶段的第一步是让团队管理者与团队成员协同共创团队的 OKR。一旦这个过程进展顺利，并得到团队成员的广泛理解，就应该进入下一阶段，也是最后一个阶段：引进个人的 OKR。

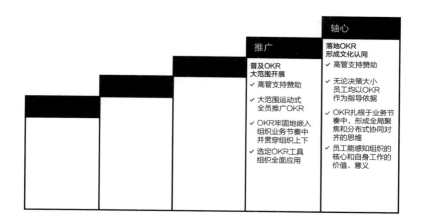

第五阶段：公司领导层、部门层、团队层、个人层

最后一个阶段，介于 OKR 成熟度模型的普及和落地之间，其终极的理想状态是，OKR 成为组织运作的轴心。

在这个阶段，你把 OKR 推行到个人层级，落地到员工正在进行的关键策略和项目任务层面，让员工充分了解自己的日常工作，是如何对团队的 OKR、部门的 OKR 和公司的 OKR 作出贡献的。

这时，员工应该已经相当熟悉 OKR 的操作和流程了，因为他们已经亲身参与了团队 OKR 的编写和共创，并且耳濡目染了高管团队和部门领导的 OKR 宣贯，所以，最后阶段引进个人 OKR，感觉上应该是自然而然、水到渠成的。

在这个阶段，你可以通过以下几点操作，支持每个团队成员：

- 向员工充分解释公司、部门和团队的 OKR 是什么，让员工了解如何将个人的 OKR 与全局联系起来。
- 安排专门的培训课程 / 教练辅导，帮助团队成员制定出个人的 OKR。
- 作为团队管理者，要定期与团队成员进行一对一会谈，以了解每个人的 OKR 制定过程和进展情况。
- 使用 OKR 软件工具，在整个季度中密切地关注 OKR 的进度和存在的障碍。

还有最后一点提示：如果你所在的组织，不想采取从公司最高领导层开始，自上而下推行 OKR 的模式，那么，你也可以采取从部门或团队开始试点的模式。

在 OKR 进阶模型中，各个部门（例如，市场营销、IT 部门或产品工程团队）内部也是自上而下地推行 OKR，包含团队主管和员工个人。具体操作如下：

（1）在上级管理层的支持下，团队连续一两个季度，采用每周签到的节奏，试验什么有效，并进行灵活的调适。在此过程中，团队主管要向上级进行汇报，反馈有关 OKR 的成功经验、问题挑战和优化建议。

（2）当各个部门的管理者对 OKR 运作感到满意时，就要制订下一步的培训计划，向余下的组织成员推行 OKR。

无论你选择从哪种试点模式进入，关键是找到最适合本组织的模式，并且保持耐心，因为通常需要几个季度才能适应这种改变。然而，很快，你将进入一个稳定的节奏，你的 OKR 项目将与你的组织共融、共生，成长、成熟。

接着，我们进入第三步，启动 OKR 的基本步骤：项目计划和沟通计划齐头并进，如黄油和面包两者是最佳搭档。

第三步：制定 OKR 项目规划和沟通计划

虽然具体的 OKR 项目内容因公司而异，但是当你完成了 5 个阶段的推行后，每个典型的 OKR 项目周期如下：

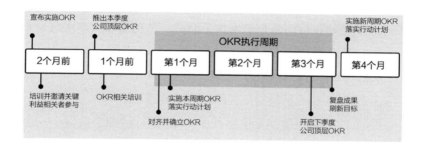

典型的 OKR 周期

以下是你应该达到的项目里程碑，确保组织中的每一个人，都知道正在发生的事情，以及组织对他们的期望。

里程碑 1：OKR 启动大会，宣布实施 OKR

实施 OKR 的第一个里程碑，和任何重大活动都是一样的：召开启动大会。OKR 启动大会通常由公司领导层举行，但参与人也包括 OKR 教练和部门主管。

OKR 启动会的主要目的是：定义初始运作的基本原则，明确利益相关者的角色分工，并制订相应的行动计划。

我通常建议大家使用责任矩阵模型来规划 OKR 项目，比如RACI 模型［Responsible（负责）、Accountable（批准）、Consulted（咨询）、Informed（知会）］或 RAPID 模型［Recommend（提议）、Agree（同意）、Perform（执行）、Input（建议）、Decide（决议）］。想要成功实施 OKR，就要落实问责制，如果不在项目一开始时就建立问责制，以后在执行过程中更难做到。

OKR 启动会重点讨论三个方面：

（1）**组建项目团队并明确角色期待**：参照我们在本章前面介绍过的 OKR 项目中的关键角色。

（2）**明确 OKR 的推行里程碑和步骤**：下图是公司领导层OKR 推出阶段的里程碑时间表示例。

（3）**设定期望值**：无论你处于 OKR 推行的哪个阶段——公司、部门、团队或个人层，都要确保以下内容明确：

● 对每个角色的具体期望是什么。

● 对参与团队和成员的日期要求。

● 反馈和建议的收集时间和方式。

里程碑 2：确定公司顶层的 OKR 战略目标和沟通计划

公司级 OKR 是自上而下开发的，由经营管理层确定，而且必须成为公司文化的组成部分，并在全年进行宣贯。

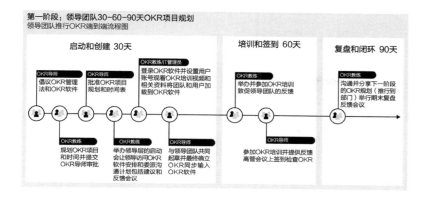

第一阶段：领导团队30-60-90天OKR项目规划
领导团队推行OKR端到端流程图

启动和创建 30天

OKR导师
倡议OKR管理法和OKR软件

OKR导师
批准OKR项目规划和时间表

OKR教练/IT管理员
登录OKR软件并设置用户账号观看软件培训视频和相关资料将团队和用户加载到OKR软件

OKR教练
规划OKR项目和时间并提交OKR导师审批

OKR教练
举办领导层的启动会让领导访问OKR软件安排和委派沟通计划包括建议和反馈会议

OKR导师
与领导团队共同起草并最终确立OKR同步输入OKR软件

培训和签到 60天

OKR教练
举办并参加OKR培训敦促领导团队的反馈

OKR导师
参加OKR培训并提供反馈高管会议上签到检查OKR

复盘和闭环 90天

OKR教练
沟通并分享下一阶段的OKR规划（推行到部门）举行期末复盘反馈会议

当完成公司领导层的启动阶段后，接着就要总结经验教训，为下一阶段在部门和团队层的推行制订沟通计划。

即使员工这时还没有承担某个具体的OKR，至少也能够清晰地看到组织的方向，这点非常重要，也是OKR的巨大价值所在。高层领导带头设立的公司级OKR战略目标，将为整个公司的OKR创建和具体工作的施行奠定基调。

OKR 沟通计划 示例

发送给公司或部门（具体取决于 OKR 的推行范围）的电子邮件，应该阐明以下问题，以确保愿景得到传达，期望得到设立，疑问得到预先解答。

公司级或部门级宣贯邮件
（1号）电子邮件：目标 + 愿景

收件人： 全公司或部门

宣讲人：OKR 导师

- 什么是 OKR？
- 为什么我们要转换到 OKR 模式？
- OKR 将把我们的公司带往哪里？
- 这对你意味着什么？

（2号）电子邮件：愿景 + 期望

收件人：全公司或部门
宣讲人：OKR 教练

- 谁将参与 OKR 流程？
- 什么是 OKR 教练？
- 为何要培养 OKR 教练？
- 我们何时开始使用 OKR？
- 这会如何改变当前的规划流程？
- 为何要转向 OKR 软件平台？
- 使用该平台的期望是什么？

（3号）电子邮件：推行计划

收件人：全公司或部门
宣讲人：OKR 教练

- 我们计划如何实施 OKR？
- 关键的截止日期是什么？

（4 号）电子邮件：公司 OKR + OKR 资源

收件人：全公司或部门
宣讲人：OKR 教练

- 我们公司的 OKR 是什么？
- 公司的 OKR 对我们现在的工作有什么要求？
- 我们应该如何对齐 OKR？
- 我们可以去哪里了解更多关于 OKR 的信息？
- 我的 OKR 如何获得帮助？

（5 号）电子邮件：OKR 确立

收件人：全公司或部门
宣讲人：OKR 教练

- 我们所有的 OKR 都最后敲定了吗？
- 我们在哪里可以找到大家的 OKR？

（6 号）电子邮件：OKR 签到

收件人：全公司或部门
宣讲人：OKR 教练

- 我们应该多久检查一次 OKR？
- 一个好的签到是什么样子的？
- 我们应该什么时候讨论 OKR？

里程碑 3：推出本季度公司顶层的 OKR

当公司高层制定了战略目标后，就要让各级成员参与到 OKR 对话中，以获得反馈，同时开始下一阶段的规划。

不要惊讶于 OKR 的迭代和进化。你会通过季度规划，进一步了解到目标之间的依赖关系、潜在的风险和机遇。而这些在最初召开年度目标规划会议时，可能还没有出现。

英特尔校友会（Intel Alumni Association）主席霍华德·雅各布（Howard Jacob）表示："对整个公司或组织来说，先制定年度 OKR，然后再制定季度 OKR。""部门和团队 OKR 源于公司季度

OKR，大部分个人 OKR 源于部门 / 团队 OKR。个人还可以创建本年度的职业 / 个人发展 OKR，然后按季度实行。"

"例如，完成外部培训或教育目标，为他们的下一次晋升或项目做好准备，或者成为内部培训师 / 导师 / 教练，帮助自己和同事发展技能，这些都是不错的个人 OKR。"

在本里程碑背景下，有三项主要的活动：

（1）将公司级战略目标中的关键成果，分配给适当的团队承接。

（2）团队对所分配的公司级关键成果做出响应，并在高层领导的支持下起草团队的 OKR。

（3）与团队领导者和利益相关者合作，以获得反馈。

里程碑 4：OKR 培训和赋能（发布教练团的 OKR）

随着越来越接近整个组织的大范围实施，培训和赋能至关重要。

这是 OKR 教练掌握主导权的地方，确保每个人都知道自己的角色，并具备相应的知识、方法，甚至对即将实施 OKR 满怀期待。OKR 教练将为各级员工提供 OKR 培训，同时识别利益相关者具体的需求。

最好采用分组培训的方式，因为不同团队所需要的信息和参与的程度会有所不同：

- 公司领导层和 OKR 教练团
- 团队管理者和部门领导人
- 全体员工 / 个人
- 根据地理区域和后勤分组（如适用）

针对这些分组，需要做三件事：

（1）讨论现有的目标管理方法和 OKR 目标管理法的不同之处。

（2）为参与人员制订教练辅导和培训计划。

（3）制定教练辅导和培训日程。

里程碑 5：对齐并确立 OKR（发布所有员工的 OKR）

里程碑 5 是让整个公司对齐并最终确立 OKR。这一步极其关键，因为如果只做到"半桶水"，很多团队会误以为 OKR 是"又一件政治任务"。而且难免会有一些"吃瓜群众"，由于"看不懂"而"群起而攻之"，所以要做足准备，用坦诚、明确的态度面对大家的反应。同时，也要通过创建正确的结构，让每一位员工增值，从而让 OKR 收获成功。

本里程碑完成的标志是，在一个灵活机动的过程中，实现全员目标对齐（视情况添加截止日期、会议和流程）。

- 公司高层的 OKR 目标往下流动到业务部门、团队领导、管理者，最终到个人。
- 团队成员通过个人 OKR 进行理解、吸收和回应。
- 团队管理者与团队成员一起检查和迭代 OKR。
- 复查并最终确立 OKR，确保组织对齐一致。

这时，从团队领导者和利益相关者的集体共创中获得反馈非常重要，以便迭代、完善并最终确立公司级的 OKR。

里程碑 6：推出 OKR 的行动计划

里程碑 6 标志着 OKR 项目的具体实施，包括对行进过程的节奏定义。

- 定义和安排公司范围内的检查节奏。
- 明确传达节奏并设定期望。
- 开始执行 OKR。

在推行 OKR 的时候，你要通过多种渠道和方式，包括会议和匿名表格调研等，多触点获取参与过程的每个人的反馈。你要定期反思现状，根据反馈总结经验，由此让参与者理解，这是一个持续的迭代过程，无论他们是领导层成员、团队管理者还是个人贡献者，对 OKR 项目的成功而言，他们都是关键的贡献者。

第四步：训练你的团队，创建优质的 OKR

在第九章中，我介绍过如何以团队共创工作坊的方式创建出高品质的 OKR。在第四步中，你要把工作坊付诸实施。

第五步：将 OKR 整合到公司的业务节奏中

公司在推行 OKR 时，最常犯的错误是虎头蛇尾，只是开了个头，制定出了 OKR，却未能建立起过程的管理节奏，没有通过定期签到把 OKR 变成工作习惯，把 OKR 植入组织的基因中。如同管弦乐队需要指挥家来指导演奏一样，企业同样也需要一个统一的节奏，来引导他们完成目标管理。

如果节奏不到位，OKR 很难落地。如果 OKR 不落地，你就无法获得 OKR 的回报，实现目标的可能性也会降低。

如果你希望 OKR 落地，那么就是时候思考，如何在整个项目规划周期内，让组织持续地行走在正轨上。从每日检查到季度回顾，再到周期结束后的评分和复盘，这些里程碑就是你的 OKR 节奏。当这些元素完全融入 OKR 程序中时，将会影响和推动 OKR 的应用和发展。

头脑风暴练习：评估当前的业务节奏

考虑到你可能已经有一个现成的目标管理程序，在建立新的 OKR 目标管理节奏之前，先检视一下现有的方法。

- 你认为现有的哪些里程碑活动，对组织协同和赋能至关重要？
- 这些活动起作用吗？
- 这些活动可改进吗？
- 还有其他内容可以添加到 3C（创建、签到、闭环）框架中吗？

OKR 的进度签到和检查节奏，可能比现有的程序更加规律和频密。然而，你仍然可以保留和利用现有程序中的有用元素。所以请花一些时间来评估当前的方法、节奏哪些是有效的，以及如何将其整合到 OKR 程序规划中。

> **提示**：大多数组织选择以季度为周期建立 OKR。你可以根据公司的实际情况，缩短或延长 OKR 的周期，以适配公司的需要。

打造你的 OKR 节奏

现在，让我们开始规划 OKR 的节奏。

对现在已经采用季度周期节奏的组织（大多数组织都是如此），OKR 时间表参考如下：

第一个月				第二个月				第三个月				第四个月
第1周	第2周	第3周	第4周	第5周	第6周	第7周	第8周	第9周	第10周	第11周	第12周	第1周
创建												
		检查签到										
										闭环		

注意，3C 在这个周期节奏中明显存在。接下来，我将逐一拆解介绍每一个 C，以便你在组织中实行这种节奏。

阶段一：创建（Create）

在本季度第 1 周之前和第 1 周期间，你将创建你的 OKR。以下是本步骤的关键里程碑。

里程碑 1（第 1 周之前 7 天）：起草并共享公司的 OKR

在新季度开始之前 7 天，公司领导团队将开会起草 OKR，思考战略目标并确定优先顺序。通过提出以下问题，有助于精简你的潜在目标列表，将目标数量聚焦到3~5个：

- 上个季度哪些方面进展顺利？为什么？
- 我们还有哪些可改进的空间？如何改？
- 我们今后的工作重点应该是什么？为什么？
- 把重点投注在这里会让我们更接近愿景吗？这符合我们的使命和价值观吗？

里程碑2（第1周之前5天）：部门和团队的OKR起草和校订会议

一旦设定好了公司的OKR，就要和部门主管以及团队领导分享。谨记，OKR之所以要从组织的最高层开始向下级联，目的在于上下对齐，建立方向的一致性。因此，向全员透明地共享公司的OKR至关重要。

里程碑3（第1周）：确立OKR并将其输入OKR工具中

在第1周结束时，你的领导和你的团队应该都已经确立了OKR，并且把它们输入了OKR工具中。

现在让我们进入OKR进度的检查签到阶段。

阶段二：签到（Check In）

里程碑1：将频密的检查签到，融入现有的节奏中

频密的签到有助于领导者把脉目标的健康状况：目标是否在正轨上并且能按时实现吗？是否存在需要改变计划的障碍或意外

因素？可以向领导提出类似的问题，指导他们开第一次 OKR 签到会，并鼓励采用仪表盘作为会议指引。

OKR 检查签到会议可以增强整个组织的注意力、责任感、自主性和透明度。如果缺乏这些"有套路"的会议，你很有可能遭遇诸如目标迷失、陷入孤岛、脱离大局等问题。

相反，通过密切关注 OKR 的进展情况，以及刻意地学习和改进过程，OKR 检查签到会议将会提高组织的一致性、打造出更强的组织文化，并在未来收获更好的绩效成果。

OKR 检查签到会可以有各种不同的形式和规模，从每天早上的日站会，到团队的周例会，再到季度的评分复盘会。

我建议将 OKR 检查签到会，整合到你现有的会议中，以免增加新的会议负担，同时密切关注你追踪 OKR 的方式。

你还可以将 OKR 整合进以下这四种特定的会议中。另外，我还补充推荐了一个新增的会议：

1．每周内部领导会议（高管、部门和团队管理者级别）

将 OKR 进度签到和会议提醒，依次纳入公司高管、部门领导和团队主管所举行的每周内部领导集体会议中。

用 OKR 将所有部门联结起来，强调 OKR 的首要轴心地位，推动正确的工作执行，以帮助组织实现其战略目标。

在内部领导会议中加入 OKR，有助于消除"部门墙"和"筒仓"问题；即使碰上了这些问题，也能更有效地解决。

每个季度末的 OKR 检查签到会议，都可以视为一次学习的机会，仔细审查一下哪些地方做得好，哪些地方做得不好，以及下个季度的规划是什么。

2．公司全体员工大会

公司领导应将 OKR 纳入定期的公司全体员工大会和"市政厅大会"，作为围绕公司最新的情况或问题进行讨论的一部分。公司的发展情况取决于 OKR 的进展情况。这也是员工通过提问和提议的方式，来参与组织发展的绝佳机会。

3．团队级会议

OKR 应该是团队管理者召开的每一次团队会议的组成部分。OKR 应该通过以下方式，融入团队会议的结构中：

- 作为新季度开始前的头脑风暴共创会，确保团队成员参与构思并认同 OKR。
- 作为日常循环更新规则结构的一部分。
- 作为季度开始、期间和结束时的正式签到。

4．一对一会谈

OKR 应该是团队管理者和团队成员定期举行的一对一会谈中的常规内容，可以借助 OKR 软件作为对话促进工具。OKR 应该通过以下方式，融入这些一对一对话中：

- 检查个人的 OKR 进度。
- 作为管理者，帮助员工识别障碍和差距，并尽量消除这些障碍和差距。
- 分享公司范围的 OKR 背景，为员工分析这将如何影响团队优先级和个人优先级。

5．季度的跨职能 OKR 会议（新增）

这是我推荐新增的会议，一个跨职能的会议。这个会议非常必要而且重要，因为它与 OKR 的核心价值直接相关：确保跨职能的部门／团队的能见度和一致性。

每季度一次，拥有某个或某部分 OKR 的利益相关者，举行一次跨职能的 OKR 会议。例如，如果你的目标是实现 10 倍的收入增长，那么你可以和销售、客户服务、市场营销和产品利益相关者举行季度会议，这些利益相关者之前都已经进行过联结，共同支持该主题的 OKR。

该跨职能会议将帮助大家分析 OKR 的进展和 OKR 过程本身的成功、缺陷和经验教训，帮助大家在未来做得更好。

阶段三：闭环（Close）

现在，是时候看你的表现了！

里程碑 1：评分和关闭

在季度结束之前，可以通过 OKR 软件发出自动提醒，确保所有参与部门和团队完成最后一次签到，然后关闭周期表并为本季度的 OKR 评分。

提醒	公司高管	开始关闭OKR	2周	在季度结束前
提醒	部门领导	开始关闭OKR	1周	在季度结束前
提醒	团队主管	开始关闭OKR	2天	在季度结束前

里程碑 2：回顾和前进

在本季度的最后一周，你将同时做两件事：结束本季度的 OKR，确立下季度的 OKR。

好消息是，这两件事是连着的。在最后一周的 OKR 复盘会上，前半部分可以用于总结本季度的 OKR 成败得失，哪些地方进展顺利，哪些地方不尽如人意。

认真思考，是否有必要将本季度未完成的 OKR，全部结转至下季度。接下来，在会议的后半部分，利用学到的经验教训来确定下季度的优先事项。基于复盘的成果，刷新继承的 OKR，以便持续学习、迭代、进化并最终实现目标。

结　语

让我们假设，你正在尝试构建一个完美的 OKR。你的战略目标是如此远大：建造世界上最高的建筑。

这正是建造帝国大厦（Empire State Building）的目标。令人惊叹的是，帝国大厦提前 12 天完工，且比预算少花 2000 万美元！

另一个完美 OKR 的例子是金门大桥（Golden Gate Bridge）。目标：建造世界上最长的悬索桥。与帝国大厦一样，金门大桥提前完工，且比预算少花 130 万美元。

遗憾的是，这些都是少数的例外。长期以来，这类大型项目在全球范围内，普遍存在着规划不力的问题。

让我们再来看几个例子，如加拿大魁北克大桥（Quebec Bridge）：魁北克大桥原本预算为 600 万美元，最终耗资为 2300 万美元。建造耗时 30 年，在此过程中还两次倒塌。

此外还有：

悉尼歌剧院（Sydney Opera House）原本预算为 700 万美元，最终耗资接近 1 亿美元。完工时间也晚了 10 年。

詹姆斯·韦伯空间望远镜（James Webb Telescope）也遭遇了类似的命运，成本超支了 1900%。该望远镜于 2021 年年底发射，远落后于预定进度。

我觉得最奇葩的例子当数纽约市的第二大道地铁系统。最初，该系统的预算为 9900 万美元。现在暴涨至 170 亿美元！完工时间只是"略有不同"。该项目于 1929 年提出，现预计于 2029 年完工——晚了 100 年，而已！

在本特·弗莱夫（Bent Flyvbjerg）所著的《牛津大学大型项目管理手册》中提到，"大型项目的铁律"是：它们会一而再再而三地超预算、超时间、低效益。

弗莱夫和他的团队研究了 100 多年来关于这一主题的数据，发现高达 90% 的大型项目一次又一次地超支、超时，并且效益不达标。

这种现象，也不是政府大型项目的"专利"，个体中也存在。曾经有研究人员在学生群体中做过试验，他们与学生交谈并询问他们："你认为完成论文需要多长时间？"学生们普遍估算是 34 天，实际结果是 56 天。

老实说，我自己又何尝不是呢！我多么希望能比原本计划的时间更早地写完本书啊！

每年有大约 550 亿美元，因项目延误而损耗，有 1/6 的项目，预算可能超支 200%。

以贾斯汀·罗森斯坦（Justin Rosenstein）为例。贾斯汀起初在谷歌公司工作。他在产品开发方面很有天赋。

后来，贾斯汀去了脸书公司（Facebook，现隶属于 Meta），当然他不能带走在前公司开发的那款项目管理软件。他在脸书公司发明了"点赞"按钮，并二次开发了新的项目管理软件，想让工作更加有效率。

最后，他离开了脸书公司，创办了自己的公司 Asana，再一次构建开发项目管理软件。他已经"梅开三度"了，想必你也认为他是个项目规划的职业选手了。

他确实是名副其实的项目管理专家，所以他预测自己的公司，能在一年内发布新产品。你看，准确的项目规划是多么不容易。甚至连一家项目管理软件公司的创始人，也历经了三次折腾，前后花了三年时间，才把最终公司的产品运转起来。

怎么解释这种现象？为什么会发生这种情况？这其实是规划谬误（planning fallacy），是一种低估未来行动的时间、成本和风险的偏差倾向。导致这种现象的原因有以下三个。

过度乐观

第一个原因是过度乐观。总幻想美好的事情即将发生，但恐怕这是一厢情愿的想法。乐观是一把双刃剑：一方面它可以激发你、激励你去迎接更大、更宏伟的挑战；另一方面，也可能会导致项目计划不切实际，无法落地。

归因偏差

第二个原因是归因偏差。当过去的某件事取得成功时，你倾向于把功劳归到自己身上，但是如果失败了，你倾向于把问题归咎到他人身上。你会对自己成功的原因"更有记性"，而对自己失败的原因"选择性忽略"。

在这种"利己主义"的归因偏差心理影响下，你可能会无意或非完全有意地说："如果不是因为……"

协调误区

规划谬误的第三个原因是协调误区。通常，当某一个项目进展落后时，你的第一反应可能是要投入更多资源，让它加快进度、快点完成。但实际上，研究人员发现，在某个项目的后期，让更多人加入会对完成任务有害无益，这时候"掺和"进来的人，很可能会"帮倒忙"，因为要抽调现有团队成员的时间和资源，花在培养新的团队成员身上。

你如何克服规划谬误？

计划总是赶不上变化，花的时间总是比你预计的时间多。好在现在你可以使用OKR，帮助减少规划谬误的问题。

首先，OKR能够帮助你和团队集中注意力。通过把目标的数量从十来个精简到三五个，确保你和团队做正确的事，并正确地做事。这种专注屏蔽了干扰因素，让规划更加强有力，让团队更加有定力，从而提高目标实现的可能性。

其次，OKR还带来了透明度、责任感和一致性，让整个公司（或特定项目）的每个人都能看到正在发生的事情。根据上述弗莱夫的研究，你对任务的预测经常是不准确的。通过利用OKR固有的透明度，你可以从第一步规划开始，就让利益相关者参与进来，作为观察者，对你加以制衡。当局者迷，旁观者清，换你从旁观者视角，看别人的项目时，你也更容易看出问题。这时，你可以提醒对方说："嗯，那看起来要花更多时间，可能比你现在计划的时间更长一些。"

最后，OKR 帮助你做出基于数据驱动的决策。你可以使用 OKR 来追踪关键里程碑的成果进展，随着时间的推移，你可以建立一个过往项目的数据库，为将来的项目规划提供信息。这种做法可以防止你做出盲目的时间预测。相反，你可以回顾过去的数据，参考类似的项目，制定切合实际的规划。

项目落地真正花费的时间，往往要比你设想的时间长。因此，无论是宏大的愿景型目标，比如"建造世界上最大的悬索桥"，还是眼下的承诺型目标，比如"发布下一代软件版本"，都可以借助 OKR 为你的项目带来焦点、透明度并从中获取数据。

你在持续构建 OKR 的同时，也打造了一支更有思考力的队伍，员工能够提出有意义的问题，比如"这是否符合我们的战略目标？"以及"我正在做的工作对我们组织的成果有何影响？"这让你们得以共同朝着与组织使命和价值观相一致的、雄心勃勃的目标努力。同时，你们定义成功并把任务输出与成果产出联系起来的能力，也变得更加出色。

随着 OKR 逐步扎根于你的组织文化中，你将会到达 OKR 成熟度曲线的最高点。

至此，我衷心希望本书已经回答了我开头提出的问题——关于 OKR 作为一种目标管理框架和方法的问题：

OKR 是什么？为何要在自己的组织中实施 OKR？应该如何推行 OKR？何时何地开始？……

轴心

落地OKR
形成文化认同

✓ 高管支持赞助

✓ 无论决策大小
员工均以OKR
作为指导依据

✓ OKR扎根于业务节
奏中，形成全局聚
焦和分布式协同对
齐的思维

✓ 员工能感知组织的
核心和自身工作的
价值、意义

5

推广

普及OKR
大范围开展

✓ 高管支持赞助

✓ 大范围推广OKR

✓ OKR牢固地嵌入
组织业务节奏中
并贯穿组织上下

✓ 选定OKR工具
组织全面应用

4

采用

实践OKR
承诺并践行

✓ 高管支持赞助

✓ 高层身体力行
锻炼OKR能力
培养OKR习惯

✓ 扩展OKR的应用
范围，更广泛地
融入业务节奏中

✓ 选择OKR工具

3

试点

试验OKR
小范围验证

✓ 组织试点小组
试行OKR方法

✓ 小组培训OKR
建立业务节奏

✓ 小组总结经验
为规模化推广
应用做好准备

2

起点

启动OKR
开启你的旅程

✓ 不了解OKR框架
和方法

✓ 缺乏结构化的业
务节奏

✓ 无法有效对齐各
级目标

1

而我真正的目标是，你使用本书学到的 OKR 知识，把你的雄心壮志和战略目标变成现实——按时、按质、按量，同时打造一个拥有理想和共同目标的"真团队"。

致　谢

首先，我要感谢我的团队，他们一直致力于如何更好地使用OKR 帮助我们的客户。

同时，感谢我们的合作伙伴，他们为本书以及整个行业贡献了专业的知识和指导。

其次，感谢我的家人，感谢他们一直理解我作为一个创业公司创始人的忙碌生活。

最后，感谢投资者和支持者，他们构建出了强大的支持系统，远远超出我的希冀。

领导力大师系列
—— 重磅上市 ——
用大师的领导力思想，应对数字时代的深度变革

享誉世界的领导力大师的传世之作。新东方创始人俞敏洪、清华大学教授杨斌领衔推荐，为你的精彩人生规划一份领导力蓝图。

ISBN：978-7-5043-8934-3
定价：79.00 元

哈佛商学院终身教授、变革领导力之父约翰·科特最新力作。本书堪称变革逻辑的颠覆性创新之作，组织变革和领导力提升的教科书级指导书。

ISBN：978-7-5043-8993-0
定价：79.00 元

本书系统介绍了 11 种各具特色的思维方式，能全面提升你的大局意识、创新力和领导力，帮助你以多维思考应对复杂社会的巨大挑战。

ISBN：978-7-5151-0880-3
定价：59.00 元

本书为我们打开了"青色组织"与"自主管理"的大千世界，各种新型管理做法闪亮登场，带我们领略这些充满生机与活力的组织新型管理实践。弗雷德里克·莱卢郑重推荐！

ISBN：978-7-5043-8984-8
定价：89.00 元

领导力大师系列
—— 重磅上市 ——
用大师的领导力思想，应对数字时代的深度变革

世界知名咨询公司光辉国际首席执行官重磅作品。锁定感激、坚韧、渴望、勇气、共情 5 大领导力品格，塑造真正优秀的领导者。

ISBN：978-7-5043-9063-9
定价：69.00 元

世界知名咨询公司光辉国际首席执行官重磅作品。聚焦把危机视为新常态的心智模式和思考技术，助力企业打造超高逆商，在穿越迷雾后走向成功。

ISBN：978-7-5043-9008-0
定价：65.00 元

享誉世界的领导力和人际关系大师麦克斯韦尔最新力作。对于在危急时刻如何带领团队走出困境，给出全面、客观、实用的解答和指导。

ISBN：978-7-5043-9076-9
定价：59.00 元

前美国公开演讲冠军、领导力专家的智慧总结。全面解读语言艺术如何提升领导力及团队绩效，并最终影响企业命运。

ISBN：978-7-5043-9021-9
定价：59.00 元